AF282923

Gestión de compras informatizada. ADGD116PO

Miriam Barberá Luque

Gestión de compras informatizada. ADGD116PO
© Miriam Barberá Luque

1ª Edición

© IC Editorial, 2025

Editado por: IC Editorial
c/ Cueva de Viera, 2, Local 3
Centro Negocios CADI
29200 Antequera (Málaga)
Teléfono: 952 70 60 04
Fax: 952 84 55 03
Correo electrónico: iceditorial@iceditorial.com
Internet: www.iceditorial.com

ISBN: 978-84-1184-909-8
Depósito Legal: MA 943-2025

Impresión: PODiPrint
Impreso en Andalucía – España

Nota de la editorial: IC Editorial pertenece a Innovación y Cualificación S. L.

Especialidad formativa

Se entiende por especialidad formativa la agrupación de contenidos, competencias profesionales y especificaciones técnicas que responde a un conjunto de actividades de trabajo enmarcadas en una fase del proceso de producción y con funciones afines.

Las especialidades formativas de Uso General, Formación Complementaria, Formación Modular y las especialidades formativas dirigidas a la obtención de certificados de profesionalidad se incluyen en el Fichero de Especialidades del Servicio Público de Empleo Estatal para su gestión en todo el territorio nacional por cualquier Administración competente.

Las especialidades complementarias, pertenecen todas a la Familia profesional de Formación Complementaria (FCO) y tienen la consideración de formación transversal en áreas que se consideran prioritarias tanto en el marco de la Estrategia Europea para el Empleo y del Sistema Nacional de Empleo como en las directrices establecidas por la Unión Europea. Se consideran áreas prioritarias las relativas a tecnologías de la información y la comunicación, la prevención de riesgos laborales, la sensibilización en medio ambiente, la promoción de la igualdad, la orientación profesional y aquellas otras que se establezcan por la Administración competente.

Las especialidades de Certificado de profesionalidad tienen una duración especificada en su normativa reguladora.

En el resultado de la búsqueda, se muestran las unidades de competencia, todos los módulos formativos con su duración y las unidades formativas del certificado correspondiente, con su duración. Las horas del certificado, exclusivo de las especialidades de certificado de profesionalidad, con alta igual o superior a 2008, son las horas totales más las horas del módulo de Prácticas Profesionales no Laborales.

➲ **Si la especialidad tiene unidades formativas,** las horas totales, presencial, distancia, teleformación serán igual a la suma de esas horas de las unidades formativas de los distintos módulos, sin que se repita ninguna Unidad formativa.

- ➲ **Si la especialidad no tiene unidades formativas,** las horas totales, presencial, distancia, teleformación serán igual a las sumas de esas horas de los módulos formativos, eliminando las horas de los módulos repetidos.

https://sede.sepe.gob.es/especialidadesformativas/RXBuscadorEFRED/BusquedaEspecialidades.do

(Fuente: Servicio Público de Empleo Estatal)

Índice

Unidad de aprendizaje 4
Previsión y planificación

OBJETIVOS GENERALES

Los objetivos generales del **ADGD116PO. Gestión de compras informatizada, son:**

- ➲ Utilizar de forma óptima los programas informáticos aplicados a la gestión de compras de la empresa, que permitan agilizar todo el proceso y minimicen determinados errores.
- ➲ Conocer las posibilidades de la gestión informatizada.
- ➲ Descubrir los principales archivos maestros del *software* de gestión.
- ➲ Desarrollar los elementos que componen la gestión de compras.
- ➲ Describir los principales elementos que componen la previsión y planificación de un negocio.

Gestión informatizada

Contenido

Objetivo

El objetivo general de esta Unidad de Aprendizaje es:

→ Conocer las posibilidades de la gestión informatizada.

Los objetivos específicos de esta Unidad de Aprendizaje son:

→ Demostrar la importancia de la gestión en una empresa.

→ Descubrir las obligaciones contables de las empresas.

→ Sintetizar la necesidad de la planificación.

→ Identificar las dificultades de la gestión.

1. Introducción

La gestión de las empresas no es una tarea sencilla, por lo que es importante valorar y empezar a incorporar la gestión informatizada de las mismas. Se trata de incorporar un *software* intuitivo y muy completo que permitirá gestionar de manera más rápida y eficaz cualquier tipo de empresa, así como las compras que pueden necesitar las mismas.

Es necesario entender cuán importante es la gestión en un entorno tan globalizado y competitivo como este para poder ponerla en valor y utilizar programas informáticos que ayuden a ello. Es igualmente necesario entender que la planificación forma parte inequívoca de cualquier gestión de éxito, ya que esta permitirá crear el plan de acción lo más adaptado posible a las posibilidades de la empresa y a la realidad del entorno o sector.

Además, también se deben conocer cuáles son las obligaciones contables que toda empresa debe cumplir, pues estas también pueden ser automatizadas y gestionadas desde programas informáticos.

Eso sí, la gestión de una empresa, más especialmente la gestión de compras de la misma, también se puede encontrar con una serie de dificultades que hagan más difícil que esta se lleve adecuadamente. Estas complicaciones pueden ser, por ejemplo, la falta de tiempo o la gran carga de trabajo.

Para el desarrollo de esta unidad, nos centraremos en el caso de Alicia, una mujer que está al frente de una tienda de ropa y accesorios para bebé. Así, ha decidido mejorar el funcionamiento de su negocio y está empezando a utilizar un programa de gestión informatizada.

2. Necesidad de la gestión

 **HILO CONDUCTOR**

Alicia ha decidido comenzar a utilizar un *software* de gestión para poder controlar mejor su negocio y lograr, así, que este funcione más adecuadamente. Para ello, ha debido dedicarle tiempo a entender cuán importante es la gestión dentro de una empresa.

Una de las tareas principales de cualquier empresa es la gestión, más especialmente, la gestión de compras. Esta se puede definir como el proceso mediante el cual la empresa se abastece de los bienes y servicios que esta necesita. Así, es importante tener en cuenta la calidad, el precio y la cantidad necesaria para un periodo de tiempo concreto.

El departamento de compras será el encargado de llevar a cabo dicha gestión.

 **NOTA**

Es necesario estudiar cuáles van a ser las operaciones, proveedores o actividades operativas que serán más rentables.

En la gestión de compras se pueden diferenciar dos grupos principales:

- ➲ Artículos para comercializar o materia prima para producirlos previamente.
- ➲ Servicios y consumibles para el propio uso de la empresa.

 **RECUERDA**

Es importante poder realizar una previsión adecuada en ambos grupos. En cualquier caso, la empresa nunca debe quedarse sin materia prima ni consumibles, pero tampoco deberá tener en exceso.

Pero aunque esto parezca algo relativamente sencillo y fácil de conseguir, es cierto que todavía hay empresas que pueden cometer algunos de los siguientes errores a la hora de manejar la gestión de compras:

Por lo tanto, para poder realizar la gestión de compras del mejor modo posible, es importante seguir una serie de pautas que aseguren el éxito. Solo de este modo se podrá prever adecuadamente qué necesita la empresa y comprar de manera óptima, sin excesos y sin escasez.

Así pues, estas **buenas prácticas en la gestión de compras** son las siguientes:

- ➲ **Definición de los procesos para la gestión del aprovisionamiento:** es necesario identificar, definir y documentar los procesos del aprovisionamiento para, periódicamente, analizarlos y detectar si se pueden mejorar en algún punto.
- ➲ **Identificación de las necesidades:** para poder realizar una buena gestión de compras, es primordial detectar, primero, cuáles son las necesidades. ¿Qué hace falta? ¿Qué productos se necesitan?
- ➲ **Elección de las fuentes de suministros:** se deben conocer diferentes fuentes de suministros para poder escoger la que más se adecue a las necesidades de la empresa, teniendo en cuenta la calidad, el precio y otros aspectos.
- ➲ **Negociación y contratación:** una vez escogida la fuente de suministros, llega el momento de negociar las mejores condiciones y proceder a la contratación.

- **Creación y seguimiento de los pedidos:** cuando ya se han negociado todas las condiciones, se procede a realizar el pedido, el cual será aceptado por el proveedor y se podrá seguir en todo momento.
- **Recepción y revisión de los pedidos:** en este momento, se deberá:

  - Aprobar la mercancía recibida.
  - Descargarla.
  - Colocarla.
  - Revisar todas las cantidades y condiciones, siguiendo como base el documento pactado.
  - Anotar todos los datos para el seguimiento posterior del aprovisionamiento.

- **Aprobación y pago de las facturas a proveedores:** una vez recibido el pedido y comprobado que está todo correcto, se deberá realizar el pago correspondiente.
- **Control de resultados:** se deberá analizar si el resultado ha sido óptimo y el proveedor no ha dado ningún problema, o en caso de que haya habido alguna incidencia, se haya sabido repararla.

 **APLICACIÓN PRÁCTICA**

Adán es el encargado de un pequeño negocio de alimentación y bebidas en Madrid. De cara al próximo pedido, ha decidido cambiar de proveedor y, para ello, ha hecho una búsqueda rápida en _Google_ y ha hecho el pedido al proveedor que le ha salido como primer resultado en el buscador, sin valorar ni mirar ninguno más. ¿Crees que no ha seguido alguna buena práctica?

Solución

A la hora de escoger un proveedor, se debe realizar una búsqueda adecuada, valorando y analizando diferentes opciones antes de escoger una.

3. Obligaciones contables

 **HILO CONDUCTOR**

En el momento en el que se puso a averiguar sobre los diferentes programas de gestión que podía adquirir, se dio cuenta de que la mayoría también incluían apartados para gestionar la contabilidad. Lo cierto es que Alicia, como empresaria, tiene una serie de obligaciones contables que no puede eludir ningún año.

Las empresas tienen la obligación de llevar a cabo la **contabilidad** de la misma; es decir, se debe llevar un registro de todas las operaciones que se realizan, de modo que después se puedan analizar y tomar decisiones en base a ellas.

 **NOTA**

La contabilidad es interesante para diferentes grupos relacionados con la empresa, desde los propios directivos a los accionistas, e incluso para el Estado.

De este modo, se debe señalar que cualquier empresa debe cumplir con una serie de **obligaciones contables.** Estas obligaciones contables son, ni más ni menos, un conjunto de documentos y registros que permiten controlar y tener constancia de cada una de las operaciones.

 **IMPORTANTE**

Cualquier negocio ha de tener justificados sus ingresos y gastos.

La contabilidad de una empresa debe realizarse siguiendo los siguientes pasos, de modo que se mantengan al día las cuentas y se eviten problemas legales y fiscales:

1. Recopilar toda la documentación contable.
2. Poner orden a los ingresos y gastos en los diferentes documentos.
3. Cumplir con los impuestos.
4. Actualizar las cuentas.
5. Comprobar las cuentas.

En definitiva, los documentos contables con los que todas las sociedades mercantiles deben contar se pueden agrupar en diferentes tipos:

Es necesario que todas las empresas y sociedades cumplan con las mismas, ya que estas obligaciones contables sirven para rendir cuentas al Estado, el cual necesita saber las operaciones y resultados de la empresa para cobrar impuestos, conceder subvenciones o ayudas, etc.

3.1. Plan General Contable

El **Plan General Contable o Plan General de Contabilidad (PGC)** es la norma reguladora de la contabilidad de las sociedades en España. Esto permite que la información sea fiable, homogénea y comparable.

Así pues, a grandes rasgos, se puede decir que el Plan General Contable destaca por poseer las siguientes características:

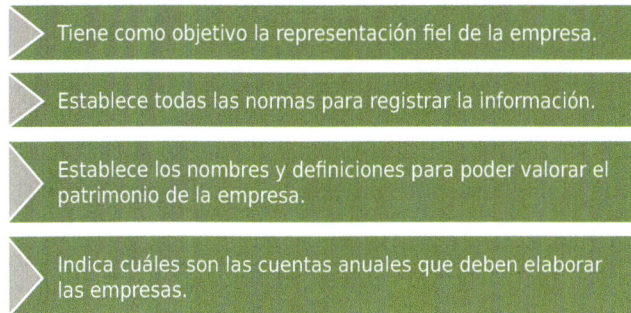

- Tiene como objetivo la representación fiel de la empresa.
- Establece todas las normas para registrar la información.
- Establece los nombres y definiciones para poder valorar el patrimonio de la empresa.
- Indica cuáles son las cuentas anuales que deben elaborar las empresas.

El **Plan General de Contabilidad** está conformado por los siguientes cuadros o grupos:

- **Grupo 1. Financiación básica:** en este apartado se incluyen todas aquellas cuentas relacionadas con la financiación a largo plazo de la empresa.
- **Grupo 2. Inmovilizado:** aquí se incluyen aquellos activos estructurales de la empresa. Es decir, activos que, debido a sus características, no se consumen en un ejercicio económico o ciclo productivo. Se tienen en cuenta tanto el inmovilizado material como inmaterial.
  Por ejemplo, instalaciones técnicas, mobiliario, desarrollo, propiedad industrial...
- **Grupo 3. Existencias:** en este grupo se contabilizan las materias primas y demás elementos que están implicados y se consumen en el proceso productivo de la empresa.
  Por ejemplo, materias primas, envases, productos...
- **Grupo 4. Acreedores y deudores:** en este apartado se recogen todas las obligaciones y derechos de la empresa que se originan por su actividad comercial. También se incluyen las obligaciones sociales y fiscales.
- **Grupo 5. Cuentas financieras:** aquí se integran todas las cuentas relativas a la tesorería de la empresa.
  Por ejemplo, deudas, acciones, financiaciones, pasivos...
- **Grupo 6. Compras y gastos:** en este grupo se reflejarán las operaciones de compra y gasto que realiza la empresa.
- **Grupo 7. Ventas e ingresos:** en este apartado se reflejarán las operaciones de ventas e ingresos realizadas por la empresa.
- **Grupo 8. Gastos del patrimonio neto:** en este grupo se incluyen aquellas operaciones económicas que aminoran el patrimonio neto de la empresa.
  Por ejemplo, impuestos, gastos de participaciones en empresas del grupo...
- **Grupo 9. Ingresos del patrimonio neto:** se incluyen los incrementos que puede sufrir el patrimonio neto de la sociedad cuando estos tengan origen en los mercados financieros, normas fiscales, etc.

PARA SABER MÁS

Puedes conocer más sobre el Plan General de Contabilidad accediendo al texto íntegro del BOE en el que se detalla todo lo relacionado con el mismo.

https://redirectoronline.com/adgd116po0101

3.2. Cuentas anuales

Las **cuentas anuales** hacen referencia al conjunto de documentos que las empresas deben elaborar todos los años. El objetivo de estos documentos es el de informar de los resultados de la empresa, de su patrimonio y de su situación financiera.

Así pues, existen **cinco cuentas anuales** que deben elaborarse:

Cuenta de pérdidas y ganancias (PyG)
- Aquí se recogen todos los ingresos y gastos de la empresa en el último año. Si esta cuenta refleja que los ingresos son mayores que los gastos, entonces habrá una ganancia. Si, por el contrario, los ingresos son menores que los gastos, entonces habrá una pérdida.

Balance de situación
- Se reflejan en él todos los elementos del patrimonio de una empresa al acabar el año. Se trata, por tanto, de un documento estático.

Continúa en página siguiente >>

<< Viene de página anterior

Estado de cambios de patrimonio neto
- En este documento se informa de todos los cambios que ha sufrido el patrimonio neto de la empresa, especialmente en lo referente al capital o reservas de la empresa.

Memoria
- Este es un documento más amplio en el que se comenta y detalla toda la información referente al resto de cuentas anuales. Gracias a este documento se pueden dar explicaciones de los números reflejados en los demás documentos.
- Suele ser un documento muy interesante para los accionistas de la empresa.

Estado de flujos de efectivo
- Se reflejan todos los movimientos de tesorería de la empresa.

IMPORTANTE

Las grandes empresas deben elaborar las cinco cuentas al completo. Por su parte, las pymes pueden utilizar modelos abreviados y, además, el estado de flujos de efectivo es un documento voluntario.

3.3. Libro diario

Este documento es el **registro principal de la actividad económica y financiera de la empresa.** Este documento recoge todas las transacciones que realiza dicha empresa de manera cronológica.

NOTA

Este libro debe actualizarse de manera constante para reflejar al milímetro la contabilidad de la empresa.

Otro documento auxiliar del libro diario es el **libro mayor,** en él se van refle-jando de forma individual en cada cuenta contable las anotaciones realiza-das en el libro diario.

3.4. Libro de inventarios

El libro de inventarios es un documento que debe incluir la siguiente información:

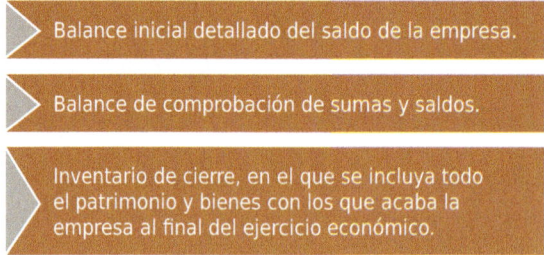

Balance inicial detallado del saldo de la empresa.

Balance de comprobación de sumas y saldos.

Inventario de cierre, en el que se incluya todo el patrimonio y bienes con los que acaba la empresa al final del ejercicio económico.

3.5. Utilizar un *software* contable

La mejor manera para informatizar todas estas obligaciones contables de una empresa es implementar un ***software* contable.** Este *software* es un programa informático que permite actualizar de manera automática cada uno de los documentos contables, simplificando la tarea de llevar al día la contabilidad de la empresa.

Del mismo modo, con toda la información debidamente introducida y ac-tualizada, es posible obtener el documento final listo para presentar.

Así pues, la informatización de la gestión contable dentro de una empresa ofrece las siguientes ventajas:

3.6. Obligaciones contables del autónomo

Los autónomos -llamados trabajadores por cuenta propia- también tienen que cumplir con una serie de obligaciones contables. Así pues, es fundamental diferenciar, en primer lugar, qué obligaciones tienen desde dos puntos de vista diferentes:

- **Desde el punto de vista mercantil:** en el artículo 25 del Código de Comercio se señala que todo empresario debe llevar una contabilidad ordenada, acorde a la actividad de su empresa, que permita llevar un seguimiento cronológico de todas las operaciones. Del mismo modo, debe elaborar un libro de Inventarios y Cuentas anuales y un diario.
- **Desde el punto de vista fiscal:** a nivel fiscal, los autónomos deben cumplir con obligaciones contables según el régimen en el que se encuentre su actividad.

IMPORTANTE

Para poder llevar la contabilidad de manera adecuada y cumplir con dichas obligaciones contables, se recomienda que los autónomos cuenten con la ayuda de una gestoría.

- -

De manera más concreta, hay que hablar de estas obligaciones desde el punto de vista fiscal. Por lo tanto y según la Agencia Tributaria, podemos especificar cuatro situaciones diferentes:

- **Empresarios mercantiles en estimación directa normal:** la contabilidad de este grupo debe ajustarse al Código de Comercio y al Plan General de Contabilidad.
  Teniendo esto en cuenta, se puede señalar que esta contabilidad es prácticamente igual que la de una empresa común.
- **Empresarios no mercantiles en estimación directa normal y empresarios en estimación directa simplificada:** los autónomos que se encuentran en este grupo deben llevar a cabo tres libros de registros contables. Estos libros de registros contables son:

  - Libro de registro de ventas e ingresos: aquí figuran todos los registros de ventas e ingresos, con las facturas correspondientes.
  - Libro de registro de compras y gastos: en este, se recogen los gastos de la actividad que tiene la empresa o el profesional.
  - Libro de registro de bienes de inversión: este libro está destinado a recopilar el inmovilizado; es decir, aquellos bienes que estarán con el autónomo más de un año y que se irán amortizando poco a poco. Puede ser el caso de un ordenador o de un vehículo.

- **Profesionales en estimación directa (en cualquiera de sus modalidades):** los autónomos que formen parte de este grupo, deben llevar al día los siguientes cuatro libros (uno más que el grupo anterior):

  - Libro de registro de ingresos.
  - Libro de registro de gastos.
  - Libro de registro de bienes de inversión.
  - Libro de registro de provisiones de fondos y suplidos: en este, se deben registrar aquellos adelantos que el cliente puede darle al autónomo por el trabajo que realizará más adelante, así como los gastos con los que corre el profesional en nombre del cliente por el servicio que se le va a ofrecer.

⊃ **Empresarios y profesionales en estimación objetiva:** este grupo deberá llevar dos libros de registro:

  ↻ Libro de registro de bienes de inversión (solo aquellos que deduzcan amortizaciones).
  ↻ Libro de registro de ventas e ingresos (solo los titulares de actividades agrícolas, ganaderas, forestales accesorias y de transformación de productos naturales).

Además de estos libros de contabilidad, es fundamental que los autónomos también conozcan otras obligaciones contables frente a las que debe responder, especialmente en materia de impuestos que debe pagar. Estas son las siguientes:

⊃ **IRPF (Impuesto sobre la Renta de las Personas Físicas):** este impuesto grava las rentas empresariales que ha obtenido el autónomo y se paga en función del régimen de estimación (estimación directa normal, estimación directa simplificada o estimación objetiva).
  Todo autónomo debe retener un porcentaje de IRPF en las facturas que emita y debe notificar a la Agencia Tributaria de estas cantidades de manera trimestral. Esta declaración se puede realizar a través de dos modelos:

  ↻ Modelo 130: si el autónomo está incluido en régimen de estimación directa normal o simplificada.
  ↻ Modelo 131: si el autónomo está incluido en régimen de estimación objetiva.

  También se deberá presentar el modelo D-100 anualmente, a modo informativo.
⊃ **IVA (Impuesto sobre el Valor Añadido):** se trata de un impuesto que grava el consumo y que recae sobre el consumidor final, por lo que los autónomos toman el papel de recaudadores de la Agencia Tributaria.
  Este impuesto se debe cobrar en todas las facturas, aplicando el tipo de IVA que corresponda (4 %, 10 % o 21 %).
  El IVA que se paga a la Agencia Tributaria será la diferencia entre el IVA que paga el autónomo a proveedores y el IVA que ha recaudado. Dicho IVA se presenta a través del modelo 303 y, a nivel informativo, se presenta anualmente el modelo 390.
  El tipo de IVA que se aplica depende del producto o servicio que ofrezca el autónomo.
⊃ **Declaración de operaciones con terceras personas:** esta declaración es informativa y debe presentarse anualmente. Solo debe ser presentada por aquellos autónomos que hayan tenido algún proveedor o cliente con el que hayan realizado operaciones con un valor superior a 3.005,06 € (sumando todas las facturas emitidas a lo largo del año).

Esta declaración se presenta a través del modelo 347.

- **Declaración de operaciones intracomunitarias:** debe ser presentada por aquellos autónomos que realicen operaciones, bien sea con proveedores o clientes, que se encuentren dentro de la Unión Europea.
Se presenta mediante el modelo 349.

- **Retenciones e ingresos a cuenta:** esta declaración debe realizarse por autónomos que cumplan algunos de los tres supuestos siguientes:

  - Si tienen trabajadores contratados.
  - Si subcontratan a otros autónomos que facturan con retención o empresas.
  - Si tienen alquilada alguna oficina (o local) en cuya factura se incluya retención.

En esos casos, se deberá pagar a la Agencia Tributaria el importe de retención que aparece en la factura de alquiler, en las facturas de los subcontratados o en las nóminas de los trabajadores.
Para declarar, se deben presentar dos modelos trimestralmente:

  - Modelo 111: retenciones en nóminas y subcontratos.
  - Modelo 115: alquileres.

Anualmente, se deberán presentar los modelos 190 y 180 respectivamente.

- **Impuesto de Sociedades:** este impuesto deben pagarlo aquellos autónomos que ejercen su actividad con una sociedad mercantil (en lugar de declarar el IRPF).
El modelo a presentar es el 202.

4. Planificación

HILO CONDUCTOR

Al comentarle a su asesor que quería empezar a utilizar un *software* de gestión en su negocio, este le comentó que no olvidara la importancia, también, de una adecuada planificación. Juntando ambos recursos podría conseguir la estabilidad deseada en su negocio.

Una de las claves para poder llevar a cabo una adecuada gestión en una empresa es la **planificación,** pues esta se convertirá en la hoja de ruta que deberá seguir la empresa para poder conseguir el éxito. En la planificación se incluyen todos los planes de futuro y los pasos que se han de dar para llegar a ellos.

Así pues, la planificación permitirá dejar constancia de algunos aspectos de la empresa:

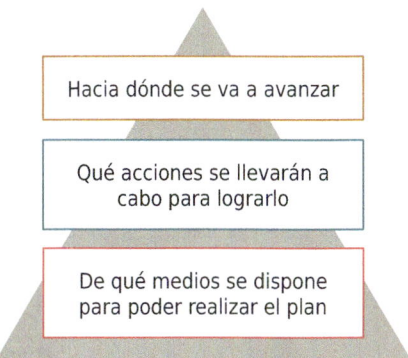

De este modo, **la planificación empresarial sigue estos pasos:**

1. **Análisis de la situación actual:** el primer paso para poder realizar una adecuada planificación empresarial es el de analizar cuál es la situación actual. Para ello, se debe realizar un análisis externo (para conocer la situación del entorno, así como oportunidades y amenazas) y un análisis interno (para conocer el estado de la empresa, las fortalezas y debilidades).
2. **Establecimiento de objetivos:** con la situación de la empresa clara, es el momento de establecer los objetivos que se quieren conseguir. Así pues, dichos objetivos deben ser acordes a la capacidad real de la empresa y al entorno externo que se ha detectado.
3. **Formulación de estrategias:** cuando se tienen claros los objetivos que se quieren conseguir, entonces es cuando se deben planificar las estrategias que se van a seguir para poder alcanzarlos. Aquí, deben detallarse las acciones que se van a realizar.
4. **Diseño de los planes de acción:** el último paso de la planificación es el de especificar en un documento cómo se van a ejecutar las estrategias y acciones formuladas anteriormente. Es el documento en el que más se detallan y desglosan los planes.

Aquí, se debe especificar lo siguiente:

1. Cuáles son los pasos a seguir y qué tareas se van a realizar.
2. Qué recursos se van a utilizar y cómo van a distribuirse.
3. Quiénes serán los responsables de llevar a cabo cada acción o estrategia.
4. Cuál va a ser el cronograma: cuándo se van a ejecutar las acciones y en qué tiempo se obtendrán los resultados.
5. Cuál será el presupuesto que se invertirá en cada acción.

Es importante tener en cuenta que a la hora de realizar la planificación empresarial se incluyan una serie de aspectos que acabarán influyendo en ella:

Metas y objetivos

Marketing

Necesidades financieras

Es importante destacar que la planificación empresarial no es algo estático, sino que se debe ir actualizando de manera periódica para ir adaptándola a la situación actual de la empresa en cada momento.

Así pues, este plan se debe revisar y actualizar si fuera necesario en los siguientes momentos:

➲ Anualmente.
➲ Al final de cada mes.
➲ Cuando haya un cambio significativo en la empresa.

IMPORTANTE

Esto permitirá revisar los objetivos y adaptar las acciones a la realidad de la empresa, pudiendo considerar el presupuesto destinado, quién es el responsable o incluso el cambio de objetivos.

---

5. Dificultades: Tiempo. Trabajo

☞ HILO CONDUCTOR

Uno de los motivos por los que Alicia decidió incorporar la gestión informatizada a su negocio fue que se dio cuenta de que cada vez tenía menos tiempo para dedicarse íntegramente a esa tarea. Por ello, investigó y descubrió que la gestión informatizada era la mejor solución.

La gestión de una empresa no siempre es tan sencilla como puede parecer, especialmente en el ámbito de la gestión de compras. El hecho de controlar en todo momento qué se necesita, qué puede hacer falta próximamente, cuándo es el momento oportuno de realizar los pedidos o valorar a los proveedores puede ser complicado de atender.

Especialmente, esta complicación puede venir determinada por **dos factores externos principales: tiempo** y **trabajo.**

Por un lado, el **tiempo** puede ser determinante a la hora de no prestarle la atención necesaria a la gestión de la empresa. Y es que no se trata únicamente de hacer pedidos de manera automática, sino que esta requiere un tiempo de dedicación en el que se valoren los proveedores, se analice y se prevea qué se puede necesitar en un futuro próximo, cuándo va a ser necesario realizar los pedidos...

Un error bastante común es creer que todos los pedidos van a ser iguales y que, por tanto, solo hay que dedicarle tiempo la primera vez que se prevea la gestión de ventas.

Por su parte, la propia dedicación al **trabajo** puede provocar que se descuide esa parte de gestión y planificación que también necesita la empresa. Hilado al punto anterior, es un error muy grande dedicar toda la jornada de trabajo a otras tareas y evitar por completo el tema de la gestión de compras.

 PARA SABER MÁS

Accede al siguiente artículo para descubrir algunos errores que se cometen en la gestión de compras.

https://redirectoronline.com/adgd116po0102

 ACTIVIDAD COMPLEMENTARIA

1. Pon un ejemplo sobre una dificultad concreta que provoque que un empresario descuide la gestión de su empresa. ¿Por qué puede ocurrir? ¿Consideras que un *software* de gestión de empresas lo solucionaría?

6. La informática de gestión

 HILO CONDUCTOR

Sin duda, la informática de gestión se presentó como la solución perfecta para Alicia y su negocio. Esta informatización le permitiría dedicarle el tiempo justo y necesario, pero con unos mejores resultados y una mejor optimización de su tiempo.

La **informática de la gestión** hace referencia a los programas que se utilizan para poder tener un mayor control de la gestión empresarial desde un ordenador. Es decir, se trata de *software* creado expresamente para facilitar la gestión de las empresas y todo lo relacionado con ella.

NOTA

Estos programas de gestión también reciben el nombre de **ERP** *(enterprise resource planning)* o **sistema de planificación de recursos.**

Se puede decir que estos programas son aquellos que integran todos los procesos e informaciones de una empresa. De este modo, se automatizan todas las funciones del negocio, pues se integran en un único programa.

Así pues, estos programas se pueden dividir en **diversos tipos:**

- *Software* **de gestión a medida:** es un *software* diseñado exclusivamente para una empresa en concreto.
- *Software* **de gestión predefinido:** *software* de gestión estándar para todas las empresas.
- *Software* **de gestión en la nube:** *software* que no necesita instalación física, se puede utilizar desde cualquier lugar.
- *Software* **de gestión local:** *software* que necesita ser instalado en la intranet de la empresa.

Lo cierto es que incluir un *software* de gestión en una empresa ofrece una serie de **ventajas** muy interesantes, ya que, a grandes rasgos, permite mejorar la funcionalidad de la empresa y ahorrar en tiempo y costes. Así, estas ventajas son las siguientes:

En el siguiente vídeo encontrarás un resumen rápido y sencillo de qué es exactamente un ERP y para qué sirve dentro de las empresas:

https://redirectoronline.com/adgd116po0104

En este sentido, es importante recalcar que también es fundamental tener en cuenta una serie de **consejos para elegir un *software* de gestión** que sea adecuado tanto para el devenir de la empresa como para los propios trabajadores.

Estas son algunas recomendaciones que se deben valorar antes de escoger un ERP:

➲ Que sea flexible y se adapte a la evolución de la empresa.
➲ Que esté actualizado con la ley vigente.
➲ Que sea intuitivo y sencillo de utilizar.
➲ Que incluya atención al cliente.
➲ Que permita actualizaciones.

ACTIVIDAD COMPLEMENTARIA

2. Busca un *software* de gestión de empresas y enumera cuáles son sus principales funciones. Valorándolas, ¿crees que es un programa realmente útil para las empresas? ¿Opinas que las ventajas nombradas anteriormente son ciertas?

7. Ejemplos de gestión y planificación informatizada

 HILO CONDUCTOR

Eso sí, antes de decidirse a contratar un *software* de gestión informatizada, decidió seguir informándose y buscar algunos ejemplos de éxito en los que estos programas influyeran. Con ello, se dio cuenta de que, irremediablemente, la gestión informatizada era justamente lo que su negocio necesitaba.

La gestión y planificación informatizada es algo que muchas empresas, de diferentes sectores, han comenzado a incorporar. De hecho, **se ha convertido en un modelo de trabajo que favorece el éxito de la empresa.** Así pues, esta gestión y planificación informatizadas ayudan a tener una mejor previsión de lo que puede ocurrir y, por tanto, a tomar unas mejores decisiones acordes a ello.

Estos son algunos ejemplos de empresas que muestran cómo puede utilizarse *software* para la gestión y la planificación de modo adecuado.

◁◉▷ EJEMPLO

Un claro ejemplo de empresa que utiliza la gestión y la planificación informatizada puede ser el de un restaurante. Los restaurantes necesitan realizar pedidos semanalmente a diferentes proveedores para que estos les traigan el género y la mercancía que necesitan, desde comida a bebidas, pasando por productos para los aseos o servilletas.

Para poder realizar estos pedidos de manera adecuada, sin pedir en exceso y sin que repercuta en la empresa, se necesita realizar una buena planificación y gestión. Es aquí donde entran en juego el *software* de gestión y la planificación.

En este *software*, los restaurantes pueden ir actualizando en tiempo real qué se está gastando y qué cantidad queda de cada producto. Además, pueden ver cuándo se hizo el último pedido, a qué proveedor se le pide cada cosa o qué cantidad se pidió. Todo ello permite que, de manera casi automática, se generen los pedidos a medida para cada momento, optimizando todos los recursos disponibles.

◁◉▷ EJEMPLO

Otro tipo de empresas que se basa en la gestión y planificación informatizadas son las clínicas de salud (centros de salud, clínicas dentales, clínicas de fisioterapia...), ya que estos programas permiten tener un mejor control de todo lo que ocurre en la clínica, tanto a nivel interno como en la relación con los pacientes.

De este modo, una clínica dental, por ejemplo, podrá utilizar este tipo de *software* para controlar la contabilidad de la empresa, para gestionar los horarios de los profesionales, para administrar la agenda de visitas de los clientes, para tener acceso al historial de cada uno de ellos e incluso para realizar y controlar los pedidos de material necesarios.

Este tipo de programa permitirá que el flujo de trabajo en el día a día sea mejor, ya que en un único lugar se tendrá almacenada toda la información y se podrá acceder a ella en el momento en el que se desee.

 **EJEMPLO**

Las empresas que también cuentan con una gestión y planificación informatizadas son las tiendas de ropa, por ejemplo. Estos negocios funcionan de manera similar a los restaurantes, pues necesitan tener un control del inventario, así como saber qué necesitan pedir de cara a las próximas semanas en función de la demanda de los clientes o de la temporada que se avecine.

Así, las tiendas de ropa pueden utilizar el *software* de gestión para controlar el contacto con los proveedores y los pedidos que deben realizar, viendo cuál es el *stock* que les queda en tienda, cuál ha sido la venta de cada uno de los productos y qué necesitan reponer o, por el contrario, qué no van a pedir más.

Igualmente, les servirá para llevar la contabilidad al cabo del día e incluso para tener una mejor relación con el cliente. Algunas tiendas pueden utilizar estos programas para crear el historial de los clientes y empezar a trabajar con tarjetas de fidelización.

 TAREA 1

Jesús es el dueño de un restaurante en el que solo trabajan él (como gerente y camarero), otro camarero y dos cocineros. El restaurante está ubicado en una buena zona de la ciudad, por lo que casi siempre tiene el local lleno, especialmente los fines de semana.

A pesar de que, *a priori,* le va bien el negocio, Jesús siente que la organización podría ser mejor. Por ejemplo, tiene mucho género congelado durante meses.

Analiza qué puede estar haciendo mal, desde el punto de vista de la gestión, y por qué sería beneficioso para él contar con una adecuada planificación y gestión informatizada.

---

8. Resumen

La gestión y, más especialmente, la buena gestión de cualquier empresa es fundamental para que esta tenga éxito y pueda funcionar con el tiempo.

Así pues, para poder mejorar esta gestión, se han creado los programas de gestión informatizada: un tipo de *software* que permite a los gerentes de las empresas tener en un único lugar toda la información relativa a la empresa, así como poder realizar algunas acciones, tales como pedidos, desde dicho programa.

En estos programas también se puede dedicar un apartado a la contabilidad, ya que toda empresa tiene una serie de obligaciones contables con las que debe cumplir anualmente. Los documentos contables de una empresa son:

Cuentas anuales   Libro diario   Libro de inventarios

Igualmente, es importante que toda empresa, antes de la gestión, dedique sus esfuerzos a realizar una correcta planificación. Esta planificación será la que permita analizar cuál es el entorno y la realidad actual de la empresa, y cuál es la situación a la que se quiere dirigir. Con ello, se podrán establecer los objetivos a conseguir y las acciones a realizar con ese fin.

En cualquier caso, se debe tener en cuenta que a la hora de gestionar una empresa es posible encontrarse con una serie de dificultades que hagan más complicado el camino. No saber dedicarle el tiempo adecuado o tener una gran carga de trabajo puede provocar que la gestión, especialmente la gestión de compras, no se realice de la manera adecuada.

Ejercicios de autoevaluación
Unidad de Aprendizaje 1

1. Indica si la siguiente afirmación es verdadera o falsa: "La gestión de compras se define como el proceso mediante el cual la empresa se abastece de los bienes y servicios que esta necesita".

    ■ Verdadero
    ■ Falso

2. ¿Cuál de los siguientes no es un error que se puede cometer a la hora de manejar la gestión de compras?

    a. No controlar las previsiones de ventas y de producción.
    b. No realizar los pedidos en el tiempo estipulado.
    c. No tener definida la manera de negociar.
    d. No conocer los productos que se compran.

3. Relaciona cada buena práctica con su definición:

    a. Definición de los procesos para la gestión del aprovisionamiento.
    b. Identificación de las necesidades.
    c. Creación y seguimiento de los pedidos.
    d. Recepción y revisión de los pedidos.
    e. Control de resultados.

    __ Realizar el pedido, el cual será aceptado por el proveedor y se podrá seguir en todo momento.
    __ Detectar qué hace falta y qué productos se necesitan.
    __ Analizar si el resultado ha sido óptimo y el proveedor no ha dado ningún problema.
    __ Aprobar la mercancía recibida, descargarla, colocarla, revisarla y anotar todos los datos para el posterior seguimiento.
    __ Identificar, definir y documentar los procesos del aprovisionamiento para, periódicamente, analizarlos y detectar si se pueden mejorar en algún punto.

4. Ordena cronológicamente los pasos de una adecuada contabilidad:

- Comprobar las cuentas.
- Cumplir con los impuestos.
- Poner orden a los ingresos y gastos en los diferentes documentos.
- Actualizar las cuentas.
- Recopilar toda la documentación contable.

5. El balance de situación está incluido en...

a. ... el libro diario.
b. ... el libro de inventarios.
c. ... las cuentas anuales.
d. ... el Plan General Contable.

6. ¿Qué nombre recibe el documento en el que se recoge el registro principal de la actividad económica de la empresa?

a. Memoria.
b. Cuenta de pérdidas y ganancias.
c. Libro de inventarios.
d. Libro diario.

7. Ordena cronológicamente los pasos de la planificación empresarial:

- Establecimiento de objetivos.
- Formulación de estrategias.
- Diseño de los planes de acción.
- Análisis de la situación actual.

8. ¿Cuándo se debe revisar y actualizar la planificación de la empresa?

a. Anualmente.
b. A final de cada mes.
c. Cuando haya un cambio significativo en la empresa.
d. Todas las opciones son correctas.

9. ¿Qué nombre reciben los programas de gestión?

    a. CRP
    b. ERP
    c. SRP
    d. ECM

10. Un *software* que no necesita instalación física y se puede utilizar desde cualquier lugar es un...

    a. ... *software* de gestión en la nube.
    b. ... *software* de gestión a medida.
    c. ... *software* de gestión local.
    d. ... *software* de gestión predefinido.

Ficheros maestros

Contenido

Objetivos

El objetivo general de esta Unidad de Aprendizaje es:

→ Descubrir los principales archivos maestros del *software* de gestión.

Los objetivos específicos de esta Unidad de Aprendizaje son:

→ Identificar las acciones que se pueden realizar con los archivos maestros de artículos.

→ Sintetizar las formas de pago y cobro.

→ Descubrir la forma de pago más adecuada en cada situación.

→ Determinar la relación con los bancos y proveedores.

→ Mencionar la gestión de clientes en el *software* de gestión.

1. Introducción

Los archivos maestros son los principales componentes de los programas de gestión. Este tipo de archivos reúne los diferentes elementos que componen un tema o ítem concreto, importante para la empresa.

De manera general, se dividen en dos: archivos maestros internos y archivos maestros externos, en función del tipo de información que se almacena en cada uno de ellos.

Así pues, los archivos maestros que cualquier empresa debe conocer y controlar son aquellos relacionados con los artículos, con los clientes, con las formas de pago y cobro, con los bancos y con los proveedores.

Gracias a ellos, se podrá controlar y gestionar toda la información y movimientos relacionados con los mismos.

Para el desarrollo de esta unidad, nos centraremos en el caso de Alicia, quien sigue aprendiendo a utilizar un programa de gestión para su negocio. Atendiendo a un curso de formación, ahora, ha llegado el momento de entender cómo funcionan los archivos maestros.

2. Internos: Artículos. Clientes. Formas de pago. Formas de cobro

👉 **HILO CONDUCTOR**

Los primeros archivos maestros que debe conocer y aprender a gestionar Alicia son los internos, aquellos que tienen que ver con los artículos, los clientes y la contabilidad del día a día del negocio. Todos ellos los utilizará prácticamente a diario.

Los **ficheros maestros** son un conjunto de información que se agrupa en un único lugar, correspondiente a temas tales como clientes, artículos o proveedores. Estos archivos maestros se encuentran en los programas de gestión y son, justamente, los que permiten organizar toda la información que se recopila y almacena en los mismos.

Así pues, los **ficheros maestros internos** hacen referencia a aquellos elementos que componen y forman la empresa en su conjunto y con los que tiene relación día tras día. Aquí, encontramos los siguientes:

| Artículos | Clientes | Formas de pago y cobro |

2.1. Artículos

Uno de los principales elementos que se pueden gestionar de manera rápida y sencilla a través de los programas de gestión son los artículos. Estos artículos también se pueden denominar **existencias.**

 **DEFINICIÓN**

Existencias
Activos poseídos para ser vendidos en el curso normal del negocio de la empresa, para ser consumidos en el proceso de producción mediante su transformación o incorporación al producto, o para ser consumidos durante la realización de la actividad empresarial.

 **EJEMPLO**

Un ejemplo de cada tipo de existencia puede ser:

- Aquella que va a ser vendida en el curso normal del negocio de la empresa: un lavavajillas en una tienda de electrodomésticos.
- Aquella para ser consumida en el proceso de producción mediante su transformación o incorporación al producto: tela en una sastrería.
- Aquella para ser consumida durante la realización de la actividad empresarial: las bombillas para las lámparas de la oficina.

Así, en la gestión informatizada se puede hablar, más concretamente, de **artículos.** Estos artículos hacen referencia, por tanto, a los productos que vende la empresa y que tiene en *stock* o que debe comprar.

En este sentido, los archivos maestros en los programas de gestión que están relacionados con los artículos permiten realizar una serie de acciones de lo más interesante:

- Control de *stock* bajo mínimos y sobre máximos.
- Control de peso y dimensiones del artículo.
- Visualización rápida de las tarifas.
- Duplicar fichas de un artículo.
- Informes de ventas, compras, movimientos de *stock,* etc. de un mismo artículo.
- Creación de lotes de artículos.
- Creación de descripción de artículos.
- Cambios masivos en los datos del artículo.
- Creación de ficha de artículos.

 **IMPORTANTE**

Esto permite tener un control total de cada artículo de manera individual, así como una visión de conjunto de todo el *stock.* De este modo, se pueden realizar pedidos automatizados y gestionar rápidamente cualquier cuestión necesaria.

2.2. Clientes

Otro de los archivos maestros internos que se puede gestionar desde un programa de gestión son los **clientes.** Se entiende por cliente aquella persona o usuario que utiliza los servicios de un profesional o empresa, o que compra sus productos.

Así pues, es posible afirmar que el cliente es el centro de cualquier empresa o actividad comercial. Es a él a quien van dirigidos los productos o servicios y, por tanto, todas las acciones que se puedan realizar.

Del mismo modo, es importante conseguir fidelizar al cliente para que compre de manera habitual en la empresa y se convierta, incluso, en una herramienta de *marketing* gracias al boca-oreja.

 **RECUERDA**

Un cliente satisfecho recomendará la empresa.

- -

Teniendo esto en cuenta, es necesario que uno de los archivos maestros del programa de gestión sea de clientes, ya que permitirá ofrecer un servicio mucho más completo y personalizado.

En un *software* de gestión se pueden realizar las siguientes operaciones con respecto a los clientes:

NOTA

Existen *softwares* dedicados en exclusiva a la gestión de clientes. Estos reciben el nombre de CRM *(customer relationship management).*

2.3. Formas de pago y cobro

Otro de los archivos maestros que se debe poder controlar con el *software* de gestión es el de las **formas de pago y cobro.** Cuando se habla de formas de pago, se hace referencia a las diferentes posibilidades que existen en la empresa para realizar el pago a un proveedor, por ejemplo.

De este modo, contar con un archivo maestro que permite agrupar toda la información relativa a las diversas modalidades, así como realizar cambios si fuera necesario, agiliza mucho la gestión de la empresa y de las compras.

IMPORTANTE

La banca electrónica está siendo, cada vez más, uno de los medios de pago y cobro más empleados por las empresas y los clientes.

Hay que destacar que las formas de pago se pueden clasificar según el **tiempo transcurrido entre la prestación del servicio o suministro del bien y el cobro del mismo:**

Pago anticipado
- Aquí, el proveedor le exige al cliente el pago previo a la prestación del servicio o a la recepción de la mercancía. Habitualmente, se emplea esta modalidad cuando:
    - Se inician las relaciones comerciales por primera vez en algunos sectores.
    - Existen dudas de la solvencia del pagador.
    - Se prestan determinados servicios profesionales.
- Los medios utilizados en este tipo de pago son: cheque, metálico, tarjetas bancarias, transferencia bancaria, giro e ingreso en cuenta.

Pago al contado
- Cuando tiene lugar esta forma de pago, el cliente realiza el abono del importe en el momento en que se presta el servicio o se recibe la mercancía. Es habitual cuando:
    - Se producen las primeras transacciones comerciales entre empresas.
    - Se realiza una venta directa.
- Los medios utilizados en este tipo de pago son los mismos que en el pago anticipado.

Pago aplazado
- Esta forma de pago también se denomina a crédito. Aquí, el proveedor consiente el aplazamiento del cobro de las facturas y es habitual en las relaciones comerciales entre empresas.
- Existen diferentes modalidades de aplazamiento:
    - Aplazamiento parcial: se cobra una parte de la factura al contado y el resto queda aplazado.
    - Aplazamiento en un solo pago: se aplaza el importe de la factura a un solo plazo.
    - Aplazamiento fraccionado: la factura podrá abonarse en varios plazos.
- Los medios utilizados más comunes son: letras de cambio, recibos, pagarés y aceptación domiciliada de facturas.
- Por su parte, los plazos más comunes son 30, 60 y 90 días.

APLICACIÓN PRÁCTICA

Roberto es un contable que debe gestionar la contabilidad de diferentes empresas y clientes. Así, hablando con cada uno de ellos en esta semana, ha observado cómo han utilizado diferentes métodos de pago. Teniendo en cuenta los siguientes supuestos, ¿cuál ha sido la forma y medio de pago en cada uno de ellos?

Continúa en página siguiente >>

<< Viene de página anterior

- **Caso 1** → **Sanz S. A. adquiere mercancías de Barlu S. A. por valor de 7.000 €. Así, da una señal de 1.000 € y acuerdan que el resto se pagará en dos plazos, por un importe de 3.000 € cada uno.**
- **Caso 2** → **Lextus S. L. encarga a Pomer S. A. una serie de mercancías por valor de 5.000 €. Acuerdan que para que se haga el suministro de las mismas, se deberá depositar la primera parte del importe en la cuenta corriente que Pomer S. A. tiene en el Banco W.**
- **Caso 3** → **Naturals S. A. vende en su local de venta directa una crema facial valorada en 20 €. Este importe es abonado en el momento, a través de una tarjeta de débito.**

Solución

El caso 1 es un pago aplazado y se empleará el aplazamiento parcial y el aplazamiento fraccionado. El caso 2 es un pago anticipado que se hará mediante transferencia bancaria. El caso 3 es un pago al contado mediante tarjeta bancaria.

Cada una de las formas y medios de pago se corresponde con los supuestos presentados, ya que se adaptan a las necesidades de cada empresa: pagar en el momento, pagar a plazos o pagar de manera anticipada.

- -

Teniendo en cuenta lo anterior, ya se pueden señalar los diferentes medios de pago y cobro. Estos son los siguientes:

- ➲ **Efectivo:** una de las formas más comunes de pago es el efectivo (en billetes o monedas). Esta es una de las maneras más cómodas de pago, ya que permite al proveedor conseguir el dinero de manera inmediata, sin esperas ni retrasos. Aunque si son cantidades elevadas, no es muy recomendable optar por esta forma de pago.
- ➲ **Letra de cambio:** esta es un título formal y sirve para documentar una orden de pago, la cual deberá hacerse efectiva en un lugar y fecha de vencimiento determinados
- ➲ **Cheque:** otra forma de pago muy aceptada por las empresas es el cheque. Este consiste en un documento que se le entrega a una persona para que esta pueda retirar la cantidad estipulada en el banco.
- ➲ **Recibo:** el recibo es un documento que acredita el pago de una determinada cantidad de dinero. Este está emitido por la persona que recibe (acreedora) y está dirigido a la persona que paga (deudora).
- ➲ **Pagaré:** se trata de un documento por el cual una persona, denominada firmante, se obliga a pagar a otra, denominada tenedor, una cantidad concreta, en una fecha y lugar determinados

PARA SABER MÁS

La letra de cambio, el pagaré y el cheque son documentos regulados en la Ley 19/1985, de 16 de julio, Cambiaria y del cheque. Accede al siguiente enlace para consultar los requisitos de uso de cada uno de ellos.

https://redirectoronline.com/adgd116po0201

Otros medios de pago y cobro

Además de los nombrados anteriormente, también existen otros medios de pago y cobro, que se pueden diferenciar en dos grandes grupos:

Por lo tanto, los medios de pago y cobro **bancarios** son los siguientes:

- ⮊ **Transferencia bancaria:** el titular de una cuenta bancaria (el ordenante) ordena que se transfiera una cantidad a otra cuenta.
- ⮊ **Domiciliación de pagos:** se autoriza el cobro automático de ciertas facturas, ya que el pedido o el pago se realizan de manera periódica.

- **Tarjetas bancarias:** se trata de realizar el pago o el cobro a través de una tarjeta de crédito o de débito. De este modo, se cobra el importe en la cuenta bancaria que está asociada a la tarjeta.

Por su parte, los medios de pago y cobro por **Correos** se pueden clasificar del siguiente modo:

- **Giro postal:** consiste en la entrega de una cantidad en la oficina de Correos para que esta pague al destinatario.
- **Giro telegráfico:** igual que el giro postal pero con un plazo inferior, ya que es urgente.
- **Pago contra reembolso:** el proveedor se encarga de suministrar la mercancía al cliente a través de Correos y este efectúa el pago en el momento en el que la recibe.

 **APLICACIÓN PRÁCTICA**

María Jesús es la propietaria de una pequeña floristería. Todos los meses realiza el mismo pedido de rosas a su proveedor de confianza. ¿Cuál crees que sería la mejor forma de pago para María Jesús?

Solución

Al ser un pedido que se repite exactamente igual todos los meses, la mejor opción de pago es la domiciliación bancaria, ya que así se realiza el pago de manera automática y es lo más cómodo para ambas partes.

En un *software* de gestión se pueden realizar algunas acciones con estos archivos maestros, cosa por lo que resulta muy útil:

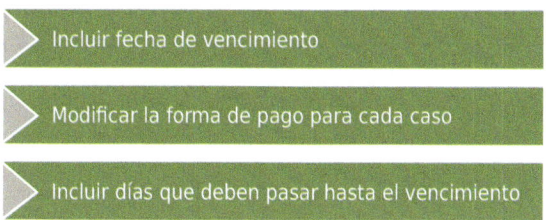

Incluir fecha de vencimiento

Modificar la forma de pago para cada caso

Incluir días que deben pasar hasta el vencimiento

Continúa en página siguiente >>

<< Viene de página anterior

> Modificación de números de cuentas bancarias

> Tratamiento que va a tener esa forma de pago

3. Externos: Bancos. Proveedores

 **HILO CONDUCTOR**

Por su parte, Alicia también debe conocer los archivos maestros externos relacionados con los bancos y los proveedores. Es cierto que los archivos de proveedores los utilizará más comúnmente, pero igualmente se entienden como relaciones externas de la empresa.

Los **archivos maestros externos** recogen aquella información relativa a elementos que no forman parte de la empresa como tal, sino que se tiene relación con ellos de manera esporádica y puntual en el tiempo.

Así, se pueden destacar los dos elementos externos principales: bancos y proveedores.

3.1. Bancos

Las empresas tienen relación con los bancos, prácticamente, desde que estas se constituyen. Y es que las entidades financieras se convierten en soluciones de financiación en diversos momentos de la existencia de la empresa y, además, se convierten también en la base sobre la que operar económicamente.

Es decir, gracias a las entidades financieras se puede tener una cuenta bancaria en la que depositar los beneficios de la empresa y a través de la cual se pueden realizar los pagos.

NOTA

Tener un archivo maestro de bancos permitirá gestionar adecuadamente todo lo relacionado con las entidades financieras, pudiendo tener acceso a toda la información necesaria, así como pudiendo controlar plazos, movimientos, transacciones y demás.

En este sentido, las empresas pueden tener relación con bancos en alguno (o varios) de los siguientes supuestos:

3.2. Proveedores

Otra de las relaciones externas que tiene la empresa es con proveedores. Estos son aquellas empresas que abastecen a otras con existencias y bienes, los cuales se pondrán a la venta o se emplearán para ser transformados y vender el resultado posteriormente.

Así pues, para entender mejor la relación de la empresa con los proveedores es necesario diferenciar los tipos de proveedores que existen: de bienes, servicios y recursos.

 ACTIVIDAD COMPLEMENTARIA

3. Busca un ejemplo de cada uno de los diferentes tipos de proveedores: proveedor de bienes, proveedor de servicios y proveedor de recursos; y pon un ejemplo de los artículos que puede proveer cada uno.

- -

Está claro que la gestión de proveedores es un tema crucial dentro de una empresa. Por ello, tener archivos maestros de proveedores en el *software* de gestión en la empresa es algo muy importante, ya que permitirá tener un mayor control tanto de los proveedores como tal como de las relaciones que se mantienen con ellos.

De este modo, estas son algunas de las acciones que se pueden realizar con los archivos de proveedores en el programa de gestión:

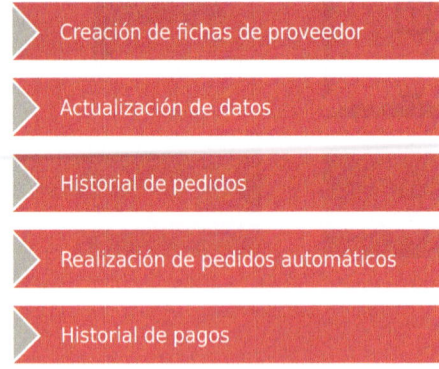

Creación de fichas de proveedor

Actualización de datos

Historial de pedidos

Realización de pedidos automáticos

Historial de pagos

TAREA 2

Alba es la gerente de una tienda de ropa y, en el día de hoy, necesita realizar ciertas acciones relacionadas con su negocio y con el *software* de gestión. Así, debe comprobar el *stock* de dos vestidos de lunares, introducir la información de un proveedor nuevo, realizar el pedido de los nuevos vestidos y faldas, pagar dicho pedido y actualizar el estado de una factura que el negocio tenía pendiente de cobrar y ya lo ha hecho y, por último, comprobar el estado de un préstamo bancario.

Actúa como si fueras Alba y explica a qué archivo maestro debe acudir para poder realizar cada una de las acciones descritas en la actividad.

---

4. Resumen

Los programas de gestión o *software* de gestión de empresas se componen de lo que se conoce como **archivos maestros.** Cada uno de estos archivos maestros almacena toda la información relativa a un tema concreto.

Así pues, de manera principal, se pueden diferenciar los siguientes archivos maestros:

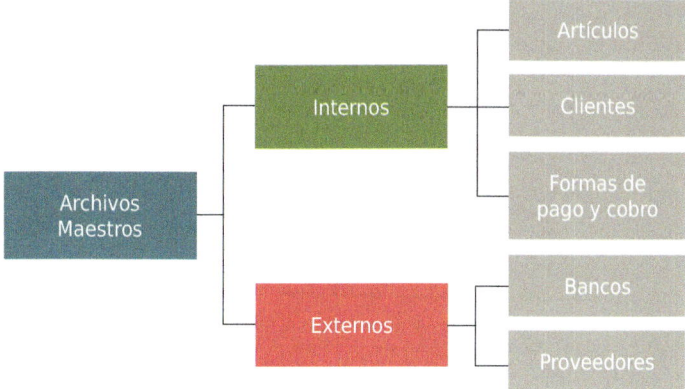

Ejercicios de autoevaluación
Unidad de Aprendizaje 2

1. *Artículos* forma parte de los archivos maestros...

    a. ... externos.
    b. ... internos.
    c. ... empresariales.
    d. ... diarios.

2. ¿Qué otro nombre reciben los artículos de una empresa?

    a. Almacenaje.
    b. Existencias.
    c. Provisiones.
    d. Plantilla.

3. ¿Cuál de las siguientes operaciones se puede realizar en los archivos maestros de clientes?

    a. Creación de fichas de clientes.
    b. Actualización masiva de datos.
    c. Descripción detallada de las preferencias de cada cliente.
    d. Todas las opciones son correctas.

4. Indica si la siguiente afirmación es verdadera o falsa: "El pago al contado se realiza cuando existen dudas de la solvencia del pagador".

    ■ Verdadero
    ■ Falso

5. Relaciona cada tipo de aplazamiento del pago con su descripción:

    a. Aplazamiento parcial.
    b. Aplazamiento en un solo pago.
    c. Aplazamiento fraccionado.

— Se aplaza el importe de la factura a un solo plazo.
— Se cobra una parte de la factura al contado y el resto queda aplazado.
— La factura podrá abonarse en varios plazos.

6. ¿Cuál de los siguientes medios de pago no se contemplan en la Ley cambiaria y del cheque?

    a. Letra de cambio.
    b. Cheque.
    c. Pagaré.
    d. Recibo.

7. ¿En cuál de los siguientes supuestos la empresa no tendrá relación con la entidad financiera?

    a. Solicitud de TPV.
    b. Financiación.
    c. Pago de una factura.
    d. Domiciliación de nóminas y seguros sociales.

8. ¿Cuáles son los principales elementos que conforman los archivos maestros externos?

    a. Bancos, proveedores y TPV.
    b. Bancos y proveedores.
    c. Proveedores, financieros y clientes.
    d. Clientes, bancos y proveedores.

9. Indica si la siguiente afirmación es verdadera o falsa: "Los proveedores son aquellas empresas que abastecen a otras con existencias y bienes".

    ■ Verdadero
    ■ Falso

10. ¿Qué nombre recibe la acción por la cual el cliente paga el recibo de la mercancía a Correos, y Correos hace llegar el dinero al proveedor?

    a. Pago por TVP.
    b. Giro postal.
    c. Giro telegráfico.
    d. Pago contra reembolso.

Gestión de compras

Contenido

Objetivos

El objetivo general de esta Unidad de Aprendizaje es:

→ Desarrollar los elementos que componen la gestión de compras.

Los objetivos específicos de esta Unidad de Aprendizaje son:

→ Especificar los documentos que intervienen en la gestión de compras.

→ Mencionar las diferentes posibilidades de consultas a la empresa.

→ Resumir la contabilidad de las compras.

→ Sintetizar cómo se realiza la conexión TPV.

→ Identificar las modalidades de TPV.

1. Introducción

La gestión de compras de una empresa necesita ser controlada de manera prácticamente diaria. Así, se deben conocer cuáles son los documentos con los que se ha de estar en contacto, así como la manera de proceder en cada caso.

Para empezar, es importante tener en cuenta que se va a trabajar con pedidos, entradas, albaranes y facturas. Estos son los cuatro documentos principales que tienen que ver con la compraventa en cualquier empresa o negocio.

Del mismo modo, es necesario saber gestionar las consultas de los posibles clientes, ya que, si se les trata bien, se podrán convertir en futuras compras.

Además, se deben realizar una serie de informes anualmente, así como guardar los documentos que acrediten cada uno de los movimientos de la empresa. Esto permitirá, posteriormente, realizar la contabilidad de las compras de la manera más adecuada y legal posible.

Por último, en la gestión de compras hay que incluir la conexión con el TPV, un elemento ya indispensable en cualquier negocio, ya sea físico u *online*.

Para el desarrollo de esta unidad, nos centraremos en el caso de Alicia, quien ya ha avanzado en su formación y ha llegado el momento de entender mejor la gestión de compras, especialmente en lo que concierne a la gestión informatizada.

2. Pedidos, entradas, albaranes y facturas

 HILO CONDUCTOR

La primera parte de la clase de hoy está dedicada a desarrollar los documentos principales relacionados con la compraventa y, por tanto, con la gestión de compras. Alicia ya conocía algo de estos documentos, pero no sabía que también se podían gestionar de manera informatizada.

La gestión de compras empieza en el momento en el que se recibe un pedido. Así, se crea un ciclo en el que se han de incluir desde las entradas de dichos pedidos a los albaranes y facturas que pueden ir asociados a los mismos.

IMPORTANTE

Tener este proceso claro, así como el protocolo de actuación que se debe llevar a cabo, es vital para el buen funcionamiento de la empresa.

2.1. Pedidos

El **pedido** es el documento que realiza una empresa o profesional a un proveedor a través del cual se solicita la prestación de un servicio o determinadas mercancías. Este documento suele ser expedido, normalmente, por la parte compradora y no crea obligaciones para el vendedor hasta que este lo acepta en los términos y condiciones expresados por el comprador.

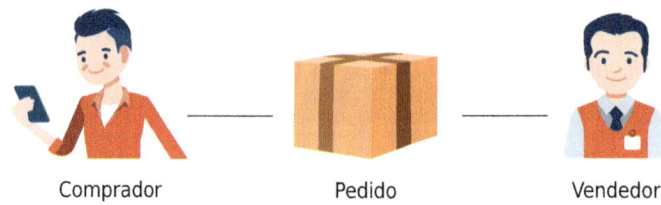

Comprador   Pedido   Vendedor

NOTA

El pedido obliga unilateralmente al comprador a cumplir con las obligaciones de recibir lo adquirido y pagar el precio estipulado en el mismo.

El pedido se puede realizar de diferentes maneras. En cualquier caso, se debe dejar constancia de las cantidades, precios y otras condiciones. Así pues, las formas más habituales de **formalizar un pedido** son las siguientes:

Verbalmente
- Se caracteriza por su inmediatez y la posibilidad de negociar en el mismo momento con el interlocutor. A pesar de esto, tiene algunas desventajas: no queda constancia y, por tanto, podría perder la validez contractual.

Transmisión electrónica
- Se trata de realizar el pedido a través de un fax o de un correo electrónico. Tiene la ventaja de la inmediatez y de quedar constancia, por escrito, de las condiciones que se han negociado.

Correo ordinario
- En este caso, el pedido se realiza a través de la llamada carta de pedido. En esta carta, se solicitan las mercancías deseadas y se establecen las condiciones de entrega. Este caso no dota de la inmediatez de otros métodos, aunque sí tiene la validez de dejar constancia del pacto en un documento escrito.

Nota de pedido
- La nota de pedido es un documento diseñado específicamente para realizar pedidos. En él, se reflejan las mercancías pedidas, las condiciones de entrega y demás información relativa al pedido.

Agente o representante comercial
- Otra manera de formalizar un pedido es a través de un representante comercial. Este se encarga de visitar al posible comprador, le presenta los productos y toma nota, finalmente, del pedido.

Cabe destacar que existen **dos clases de pedido** en función de las condiciones y peculiaridades de los mismos:

⮑ **Pedido en firme:** este tipo de pedido tiene lugar cuando tanto el comprador como el vendedor conocen todas las condiciones en las que se va a realizar el pedido y la entrega. Es decir, se pactan todas las condiciones relacionadas.
Este tipo de pedido tiene carácter contractual desde el mismo momento en el que se formaliza. El documento que se emplea aquí suele ser la nota de pedido.

○ **Pedido condicional:** el pedido condicional tiene lugar cuando es el comprador quien propone las condiciones y este queda a la espera de ser aceptado por parte del vendedor. Las condiciones suelen estar relacionadas con descuentos, plazos de entrega o forma de pago, por ejemplo. Si el vendedor acepta las condiciones, entonces el pedido será válido. De lo contrario, se considerará nulo. El documento que se emplea aquí recibe el nombre de propuesta de pedido.

NOTA

En los programas de gestión de compras, los pedidos reciben el nombre de **entradas.**

2.2. Albaranes

El albarán también recibe el nombre de **nota de entrega** y lo expide aquella persona que realiza una entrega. Es decir, el vendedor lo envía junto a las mercancías para que lo reciba el comprador y este lo firme al recibir el envío y se lo devuelva al vendedor.

IMPORTANTE

El albarán sirve como justificante de la recepción de las mercancías, ya que este deja constancia de que se han recibido en las condiciones expresadas.

De manera habitual, **se expiden un original y una copia.** Ambos son firmados por el comprador, con la diferencia de que la copia debe quedársela y el original es devuelto al vendedor. Hay ocasiones en las que también se emite una segunda copia para el almacén desde el cual han salido las mercancías y una tercera copia para el departamento de ventas de la empresa.

○ **Original:** se devuelve firmada al vendedor.
○ **Copia:** se la queda el comprador.

➲ **Segunda copia:** se la queda el almacén.
➲ **Tercera copia:** se la queda el departamento de ventas.

Un albarán debe tener el siguiente **contenido:**

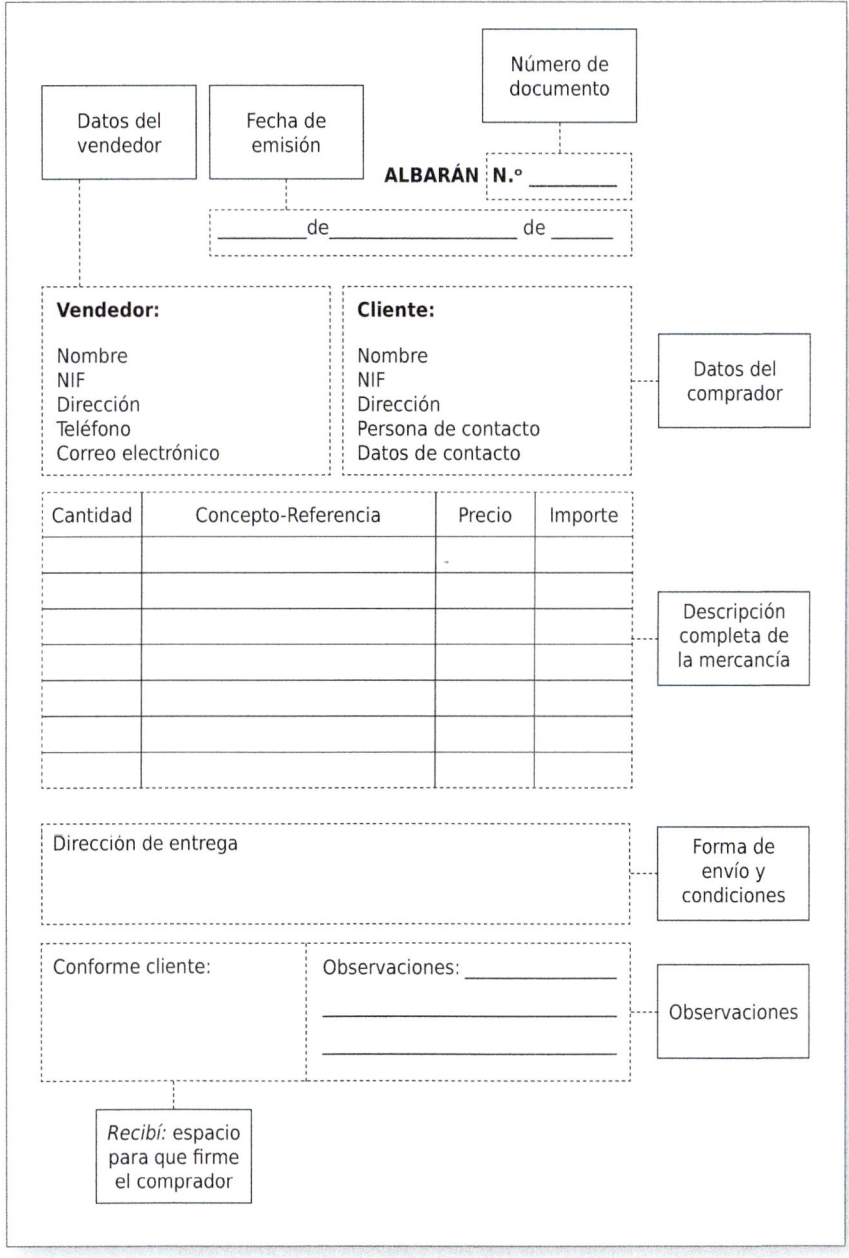

Es importante tener en cuenta que la firma de un albarán lleva consigo una serie de **efectos:**

- ➲ Justifica la recepción de las mercancías.
- ➲ El comprador declara que está conforme con lo que ha recibido.
- ➲ Se deben respetar las condiciones económicas que aparezcan en él.

Hoy en día, se pueden encontrar **dos modelos de albarán.** La distinción se realiza, especialmente, en función de las condiciones económicas adjuntas a cada uno de ellos. Así pues, se pueden diferenciar los siguientes modelos de albarán:

- ➲ **Albarán valorado:** en este modelo de albarán aparecen los precios de los artículos. De este modo, el receptor de este albarán estará al tanto de lo que recibe, así como de las condiciones económicas de los mismos. Suele ser habitual el uso de este modelo cuando es el cliente quien recoge personalmente las mercancías.
- ➲ **Albarán sin valorar:** en este modelo de albarán se omiten los precios unitarios y el valor total de lo comprado. Suele ser aconsejable optar por este modelo cuando las mercancías se entregan a una tercera persona o lo hace un transportista.

APLICACIÓN PRÁCTICA

Sara ha realizado un pedido a una tienda de muebles y al recibir la mercancía en su casa, en el albarán entregado se observan los precios unitarios de cada artículo. ¿Qué tipo de albarán es?

Solución

En el albarán recibido aparecen los precios de los productos, de modo que el receptor está al tanto de lo que recibe.

- -

2.3. Facturas

La factura es el documento que **acredita legalmente la entrega de bienes y las prestaciones de servicios realizados.** Hoy en día, es obligatorio emitir facturas y este hecho está regulado por la ley. Así, las leyes que lo regulan son la **Ley 58/2003 General Tributaria, de 17 de diciembre** y el **Real Decreto 1619/2012, de 30 de noviembre.**

En el **Artículo 1** del Real Decreto se recoge, textualmente, la siguiente información:

Artículo 1. Obligación de expedir, entregar y conservar justificantes de las operaciones.

Los empresarios o profesionales están obligados a expedir y entregar, en su caso, factura u otros justificantes por las operaciones que realicen en el desarrollo de su actividad empresarial o profesional, así como a conservar copia o matriz de aquellos. Igualmente, están obligados a conservar las facturas u otros justificantes recibidos de otros empresarios o profesionales por las operaciones de las que sean destinatarios y que se efectúen en desarrollo de la citada actividad.

Asimismo, otras personas y entidades que no tengan la condición de empresarios o profesionales están obligadas a expedir y conservar factura u otros justificantes de las operaciones que realicen en los términos establecidos en este reglamento.

 PARA SABER MÁS

Puedes conocer más sobre las leyes que regulan la obligatoriedad de la emisión de facturas haciendo clic en los siguientes enlaces y leyendo el texto íntegro:

Ley 58/2003 General Tributaria, de 17 de diciembre	Real Decreto 1619/2012, de 30 de noviembre

https://redirectoronline.com/adgd116po0301	*https://redirectoronline.com/adgd116po0302*

Las facturas deben contener la siguiente información, como mínimo:

FACTURA

Número y serie	Fecha de expedición

Expedidor

Nombre y apellidos o denominación social

NIF (Número de Identificación Fiscal)	Domicilio

Receptor

Nombre y apellidos o denominación social

NIF (Número de Identificación Fiscal)	Domicilio

Descripción de los servicios o bienes facturados

Base imponible	Tipos o tipos impositivos

Cuota o cuotas del impuesto

✎ **NOTA**

En determinados casos y siempre que cumpla unos requisitos mínimos, el ti-que puede considerarse una factura simplificada, con la que se agiliza mucho el proceso de emisión. Este sustitutivo está permitido, por ejemplo, en las siguientes ocasiones: ventas al por menor, servicios a domicilio del consumidor, transporte de personas y sus equipajes, venta de servicios de transporte en ambulancia, suministros de comidas y bebidas para consumir en el acto, servicios de peluquería, etc.

Asimismo, se pueden encontrar los diferentes **modelos de factura:**

- **Factura general:** es el modelo de factura más común. Es el tipo de factura que se emite en todos los supuestos, siempre que no haya que hacer cambios o modificaciones.
- **Factura resumen, agrupada o recapitulativa:** este modelo de factura se emplea para agrupar varios albaranes de un mismo cliente. Así, se recopilan todos ellos en una única factura, aunque dentro de la misma se desglosen los datos de cada uno de ellos.
  Suele utilizarse en aquellos casos en los que se emiten varios albaranes a un mismo cliente en un periodo de tiempo determinado.
- **Factura rectificativa:** esta factura se utiliza cuando se necesitan realizar rectificaciones sobre una factura que ya se ha emitido anteriormente. Puede ser porque los datos o los cálculos son incorrectos, por ejemplo. En cualquier caso, en este tipo de factura debe aparecer:

  - La expresión *factura rectificativa,* con el número y la fecha correspondiente.
  - Los datos de la factura origen.
  - Motivo de la rectificación.
  - Detalle y valoración de la rectificación.

- **E-factura:** son las facturas que se emiten de manera electrónica debido al actual desarrollo de las nuevas tecnologías y las comunicaciones. Así, se transmiten a través de internet o del correo electrónico, siendo su principal ventaja la inmediatez.

3. Consultas

☞ HILO CONDUCTOR

A continuación, le hablan de la importancia de la atención al cliente, ya que ofrecer diversos canales para las consultas que pueden hacer es muy necesario. Además, le explican que los *softwares* de gestión ya permiten, también, tener integrada esta parte de atención al cliente. ¿Cómo?

Uno de los principales elementos que se deben tener en cuenta a la hora de tratar la gestión de compras informatizada es la recepción de consultas o **atención del cliente *online.*** A la hora de gestionar una empresa de manera *online,* es necesario dedicar cierto tiempo a ofrecerle canales al cliente para que se pueda comunicar con la empresa de manera rápida, sencilla y eficaz.

Así pues, la mayoría de estos canales de atención al cliente *online* se podrán controlar desde el *software* de gestión escogido por la empresa.

NOTA

Cuando una empresa ofrece a los clientes diferentes canales de atención, esto siempre es bien valorado.

En definitiva, los principales canales de consultas y atención al cliente que se deben ofrecer son los siguientes:

- **Correo electrónico:** el correo electrónico se convierte en el primer canal de atención al cliente en la gestión de compras informatizada. Y es que este se puede gestionar desde el *software* en cuestión: se puede tener acceso a él desde el mismo programa e incluso se pueden automatizar una serie de respuestas.
  Así pues, es importante revisar la bandeja de entrada de manera periódica para poder ofrecer respuestas rápidas.
- **FAQ:** otro medio de atención al cliente muy popularizado, especialmente para aquellas empresas que cuenten con página web, son las FAQ (preguntas y respuestas frecuentes). Es decir, normalmente, se dedica un apartado de la página web a estas preguntas y se hace un listado de las preguntas más comunes que se pueden hacer los clientes, así como las respuestas a las mismas.
  Por ejemplo, cuál es el plazo de envío y entrega de un producto, cuáles son los gastos de envío, si se puede devolver lo comprado, si se hacen envíos internacionales, etc. Son, en definitiva, las cuestiones más generales relacionadas con el servicio o producto que ofrece la empresa.
- **Formulario:** el formulario de contacto es un apartado de la propia página web desde el cual se puede enviar un mensaje directamente a la empresa. Normalmente, basta con rellenar el nombre, el correo electrónico del usuario y la consulta que se quiere realizar. La empresa contesta enviando un mensaje al correo electrónico que el usuario haya facilitado. Es un método muy rápido y común.
- **Chat *online:*** hay empresas que han decidido ofrecer un canal de atención al cliente extra y, sobre todo, más inmediato: el chat *online.* Esto es

una extensión que se puede incluir en las páginas web y que sirve para contactar con alguien de la empresa de manera instantánea. Así, a través de ese chat, se plantean las consultas que se tengan y un agente encargado responderá inmediatamente. Es casi como la atención telefónica pero a través de un chat escrito.

● **Redes sociales:** hoy en día, las redes sociales se han convertido en una extensión más de la empresa. Tal es la importancia de las mismas y su contacto directo con los usuarios que son ya un medio más de atención al cliente. Así, a través de los mensajes directos e incluso los comentarios o menciones, se pueden atender las consultas y cuestiones de los clientes de una manera rápida y eficaz.

● **Atención telefónica:** a pesar de tratarse de una gestión informatizada, siempre es importante contar con un canal de atención al cliente telefónico. Este permite un contacto directo, entablando una conversación de tú a tú con el cliente y pudiendo resolver las dudas de manera inmediata. Existen *softwares* que permiten, incluso, controlar las llamadas desde él.

● *WhatsApp:* otro canal de consultas y atención al cliente que se puede encontrar hoy en día es el *WhatsApp*. Actualmente, hay muchas empresas que cuentan con un teléfono de empresa. Entre eso y la opción de *WhatsApp Business,* orientada a empresas, es posible ofrecer a los clientes un número de teléfono para chatear a través de esta aplicación.

 ACTIVIDAD COMPLEMENTARIA

4. Busca una empresa como ejemplo y analiza cuáles son sus canales de atención al cliente. ¿Cuántos de los nombrados anteriormente ofrece? ¿Crees que debería añadir alguno? ¿Son adecuados los canales que ofrece?

4. Informes, impresos

 HILO CONDUCTOR

En la gestión de compras, también es importante contar con una serie de informes e impresos que validen todo lo relacionado con la misma. Alicia no sabía que todos estos documentos también pueden generarse de manera automática.

La gestión de compras también necesita contar con una serie de informes e impresos que acompañen y verifiquen todas las operaciones que han ido teniendo lugar en el negocio. Así pues, los **informes** permitirán evaluar de manera periódica la gestión de compras y los resultados de la misma, de modo que se pueda tomar esa información como punto de partida, teniéndola en cuenta para mejorar o ver en qué se ha fallado en cada periodo.

NOTA

Habitualmente, se suelen realizar informes anuales, los cuales acompañan a la contabilidad anual. Con toda esta información, es posible evaluar al completo el funcionamiento y la gestión de una empresa durante un año en concreto.

Del mismo modo, es necesario contar con una serie de **impresos que permitan dejar constancia legal de las operaciones que ha hecho la empresa.** Por lo tanto, se deben guardar copias de todos los contratos, facturas y albaranes con los que se vaya estando en contacto en cada nueva compra.

Estos documentos permitirán respaldar los movimientos económicos de la empresa y, además, ayudarán a realizar más adelante la contabilidad de la misma.

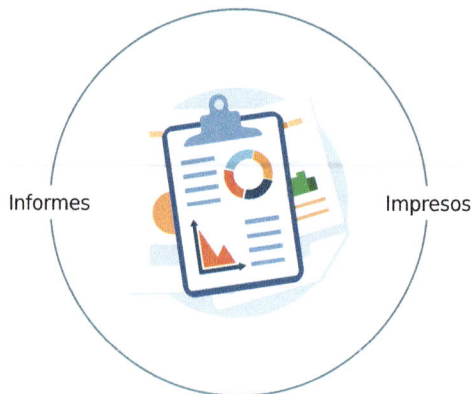

Informes   Impresos

 **RECUERDA**

Estos documentos se generan de manera automática en el *software* de gestión que tenga instalado la empresa.

5. Contabilidad de compras

 HILO CONDUCTOR

La contabilidad de compras es una de las partes más importantes de la gestión de compras, tal y como le explican a Alicia. Tener en cuenta las diferentes variables que le afectan y saber cómo se registran es necesario para el buen funcionamiento de la empresa. De nuevo, es una acción que se puede realizar a través del *software* de gestión.

La contabilidad de compras en una empresa es una parte fundamental del funcionamiento de la misma. Aquí, se incluyen todos los documentos relacionados con la relación que la propia empresa establece con proveedores y clientes. De esta relación surge un flujo de bienes y servicios.

 RECUERDA

Los principales documentos administrativos que acreditan la actividad comercial de la empresa son el pedido, el albarán, la factura y otros documentos de cobro y pago.

Esta contabilidad de compras **se recoge en el Plan General de Contabilidad (PGC).** Así, las principales cuentas que se deben tener en cuenta son:

600. Compras de mercaderías
- Aquí se recoge el importe de todos los productos que adquiere la empresa para venderlos posteriormente sin transformación.

601. Compras de materias primas
- Aquí se recogen las compras de las materias primas.

602. Compras de otros aprovisionamientos
- Aquí se recogen las compras de los bienes que sirven como aprovisionamientos, tales como material de oficina, embalajes, repuestos, etc.

607. Trabajos realizados por otras empresas
- Aquí se recogen los trabajos que forman parte del proceso de producción propia, pero que son realizados por otras empresas.

NOTA

Esta contabilidad de compras también se puede realizar a través de un *software* de contabilidad o incluso desde el propio *software* de gestión.

- -

5.1. Registro contable de las compras

A lo largo de la actividad comercial, la empresa puede encontrarse con compras con pago al contado, con compras con pago aplazado y con compras con pago anticipado. Así pues, es importante valorar cada uno de estos supuestos para poder realizar el registro contable de la manera adecuada.

NOTA

El registro contable de las compras se realizará cuando el comprador las haya recibido. El documento que servirá de referencia será la factura de compra.

- -

Así, el registro se realizará de la siguiente forma en cada uno de los supuestos nombrados:

➲ **Compras con pago al contado:** el pago en este tipo de compras se puede realizar a través de:

    ◔ Caja, en efectivo o en metálico. Para ello, se utilizará la cuenta *570. Caja, euros.*

    ◔ Cuenta bancaria (transferencia o cheque). Para ello, se utilizará la cuenta *572. Bancos e instituciones de crédito, c/c a la vista.*

➲ **Compras con pago aplazado:** aquí, se pueden utilizar diferentes cuentas:

    ◔ *400. Proveedores.*

    ◔ *401. Proveedores, efectos comerciales a pagar.* Cuando la deuda se materializa a través de un efecto comercial aceptado.

    ◔ *4009. Proveedores, facturas pendientes de recibir o formalizar.* Cuando al recibir las mercaderías no se haya recibido la factura de compra pero sí se haya recibido el albarán.

➲ **Compras con pago anticipado:** en ese tipo de compras se entregan cantidades de dinero a cuenta de futuras compras. Para ello, en el registro contable se utilizará la siguiente cuenta:

    ◔ *407. Anticipo a proveedores.*

5.2. Registro contable de operaciones relacionadas con las compras

Cuando se habla de contabilidad de las compras en cualquier empresa, también es importante incluir aquellas operaciones que están relacionadas con las mismas, tales como devoluciones, descuentos o incluso embalajes:

Descuentos
- Esto tiene lugar cuando se establecen determinados descuentos o rebajas en el precio de los productos. Así, se pueden distinguir hasta tres tipos de descuentos:
    - **Descuento comercial:** son descuentos promocionales o para incremento de ventas, así como descuentos por defectos en la calidad o en el incumplimiento de la entrega.
    - **Descuento por pronto pago:** por pagar al contado o antes del vencimiento que se había pactado.
    - **Descuento por volumen de pedidos:** por alcanzar una cantidad de compra concreta.

Devoluciones
- Hay ocasiones en las que se decide devolver las existencias compradas debido a diferentes razones. Estas devoluciones tendrán un tratamiento contable parecido al descuento comercial.

Envases y embalajes
- Algunos productos con los que la empresa comercializa vienen acompañados de ciertos envases o embalajes (por ejemplo, un paquete de bolígrafos). Así, dichos envases o embalajes tienen un tratamiento contable diferente en función del uso que les dé la empresa a los mismos.

6. Conexión con el TPV

 HILO CONDUCTOR

El pago con tarjeta es algo que quería introducir Alicia en su negocio, pero lo que ella no sabía es que los llamados TPV también pueden ser virtuales. ¿En qué consisten? ¿Qué modalidades hay y cuál le sería más útil a ella?

Un TPV (terminal punto de venta) es un dispositivo que se utiliza en establecimientos comerciales para poder realizar gestiones de venta. Así, gracias a él, es posible realizar una gestión de compras completa y actualizada. En inglés, se denomina POS (*point of sale*).

SABÍAS QUE...

Durante el año 2023, en España, el uso de la tarjeta de crédito aumentó un 13 % respecto al año anterior, alcanzando 10,3 millones de operaciones, representaron el 64 % de todos los pagos realizados ese año había cerca de 99 millones de tarjetas activas, con una media de dos tarjetas por habitante.

Así, este dispositivo es reconocido, especialmente, por permitir el cobro con tarjeta. Aunque no solo es interesante por eso, sino que también es posible imprimir *tickets* o controlar el inventario, entre otras cosas.

NOTA

En muchos casos, el TPV ha llegado a sustituir, incluso, a la tradicional caja registradora. De hecho, también se utiliza en los comercios *online* gracias al TPV virtual.

Para el correcto **funcionamiento de un TPV** son necesarios los siguientes agentes:

- Apertura de una cuenta corriente.
- Titular de la tarjeta.
- Vendedor.
- Adquiriente (mediador entre vendedor y esquema de tarjetas).
- Esquema de tarjetas (verificación de las tarjetas).

Así, los pasos que se siguen son los siguientes:

El TPV tiene como *hardware* principal el **datáfono.** Este artículo permite que se realice la transacción con total seguridad y rapidez, ya que es el elemento principal que conecta la tienda con el banco.

Cabe destacar que existen **diferentes modalidades de TPV** o de terminal:

- **TPV físico:** es la opción más sencilla y común cuando se tiene un establecimiento físico. Se trata de un datáfono físico que se encuentra en la tienda y que está conectado tanto a la red de internet como a la corriente.
- **TPV virtual:** es el datáfono pensado para las tiendas *online* o *e-commerce*. Permite cobrar, por tanto, en las tiendas en línea e incluso en *apps*.
- **TPV integrado:** este modelo ofrece todas las funcionalidades de un datáfono convencional pero habiéndole incorporado, además, el sistema de contabilidad y ventas. Este está especialmente pensado para aquellos negocios que dispongan de varios puntos de cobro en diversos establecimientos.

 APLICACIÓN PRÁCTICA

Carlos es el dueño de un restaurante que cuenta con local interior y dos terrazas exteriores. Ha decidido incorporar el pago con tarjeta en su negocio y para ello está valorando la compra de un nuevo TPV. ¿Qué modelo es el más recomendable para este?

Solución

Al tratarse de un restaurante, necesitará movilidad para que los camareros puedan cobrar con tarjeta en cualquier punto del mismo. Así pues, la mejor opción es un TPV físico, puesto que integra la conectividad con internet y le cubrirá toda el área del local y sus terrazas.

 TAREA 3

Raúl es el dueño de una copistería en la que no solo ofrece servicios de impresión, sino que también vende diferentes artículos de papelería. Además de tener tienda física, cuenta con una tienda *online,* desde la cual los usuarios pueden hacerle también encargos para recoger en tienda. Además de todo esto, tiene perfiles en *Facebook* e *Instagram.*

Continúa en página siguiente >>

<< Viene de página anterior

Hoy ha recibido un pedido a través del correo electrónico para imprimir unas fotografías, aunque previamente le habían contactado para resolver una serie de dudas. Cuando la persona ha llegado a la tienda, ha querido comprar un paquete de folios y un paquete de bolígrafos. También ha querido pagar con tarjeta.

Explica cuál ha sido el proceso del pedido, cómo le han realizado la consulta, qué documentos de compraventa ha tenido que manejar, de cuáles ha tenido que guardar impresos y qué más elementos han intervenido en dicho proceso.

7. Resumen

La gestión de compras pasa por el manejo de los **principales documentos** que tienen que ver con ella:

Del mismo modo, es importante ofrecer diferentes canales de atención al cliente para que estos puedan realizar sus consultas.

Así, los informes e impresos fundamentales permitirán realizar, anualmente, la contabilidad de las compras. En esta contabilidad de compras se debe incluir:

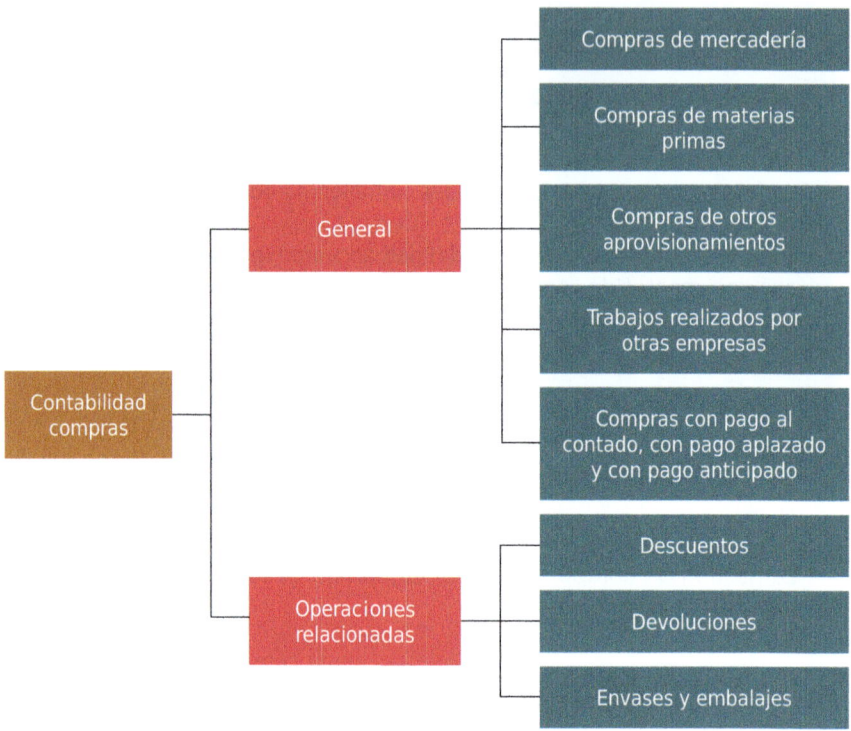

Por último, la **conexión con el TPV** también es fundamental en la gestión de compras. Se pueden encontrar diferentes modalidades:

➲ TPV físico
➲ TPV virtual
➲ TPV integrado

Ejercicios de autoevaluación
Unidad de Aprendizaje 3

1. **Indica si la siguiente afirmación es verdadera o falsa: "El pedido no crea obligaciones para el vendedor hasta que este lo acepta".**

   ■ Verdadero
   ■ Falso

2. **¿Cuál de las siguientes modalidades para formalizar un pedido no deja constancia y podría perder la validez contractual?**

   a. Nota de pedido.
   b. El representante comercial.
   c. El pedido verbal.
   d. El correo ordinario.

3. **¿Para quién es la segunda copia del albarán?**

   a. Para el vendedor.
   b. Para el comprador.
   c. Para el almacén.
   d. Para el departamento de ventas.

4. **¿Cuál de los siguientes datos debe aparecer en el albarán?**

   a. Fecha de emisión.
   b. Descripción completa de la mercancía.
   c. Número de documento.
   d. Todas las opciones son correctas.

5. **Relaciona cada tipo de factura con su definición.**

   a. Factura rectificativa.
   b. Factura resumen, agrupada o recapitulativa.
   c. E-factura.
   d. Factura general.

— Factura que se emite de manera electrónica.
— Factura que se emplea para agrupar varios albaranes de un mismo cliente.
— Factura común que se emite en todos los supuestos.
— Factura que se realiza cuando se necesitan realizar rectificaciones sobre una factura que ya se ha emitido anteriormente.

6. ¿Qué significa FAQ?

    a. Preguntas frecuentes.
    b. Preguntas clasificadas.
    c. Formulario de contacto.
    d. Respuestas a clientes.

7. La contabilidad de compras se recoge en...

    a. ... el plan anual.
    b. ... las cuentas empresariales.
    c. ... el Plan General de Contabilidad.
    d. ... el registro contable.

8. ¿Qué tipos de compras se pueden registrar?

    a. Compras con pago al contado.
    b. Compras con pago aplazado.
    c. Compras con pago anticipado.
    d. Todas las opciones son correctas.

9. Ordena cronológicamente los pasos del proceso de funcionamiento del TPV:

- Impresión
- Control de caja
- Abono
- Cobro
- Almacenamiento de datos

10. ¿Qué elemento no es necesario para el correcto funcionamiento de un TPV?

    a. Titular de la tarjeta
    b. Vendedor
    c. Fabricante del TPV
    d. Adquirente

Previsión y planificación

Contenido

Objetivos

El objetivo general de esta Unidad de Aprendizaje es:

→ Describir los principales elementos que componen la previsión y planificación de un negocio.

Los objetivos específicos de esta Unidad de Aprendizaje son:

→ Establecer las principales estadísticas de ventas, compras y almacén.

→ Indicar qué es un presupuesto de planificación.

→ Valorar los principales ratios financieros y comerciales.

→ Determinar los tipos de costes de una empresa.

→ Sintetizar la viabilidad financiera de un negocio.

1. Introducción

La previsión y la planificación son dos conceptos de vital importancia en el desarrollo y funcionamiento de cualquier empresa. Tener las herramientas suficientes para hacer un análisis previo de la situación y poder crear un plan de ruta acorde a la información recabada facilitará mucho el porvenir del negocio.

Así, para empezar, es importante conocer las estadísticas de compras, ventas y almacén. El hecho de saber qué ha sido lo más demandado, cuál es el *stock* de un artículo y similares hará que se puedan realizar compras realistas y acertadas.

Por lo tanto, también es necesario realizar presupuestos de compras. Teniendo clara la información anterior, se deberá valorar cuál puede ser el presupuesto destinado a futuras compras de modo que los siguientes pasos a dar se amolden a ello.

Del mismo modo, deben analizarse los ratios financieros y comerciales para tener una idea más clara de cuál está siendo el funcionamiento de la empresa, además de analizar, igualmente, los costes de la misma.

Por último, no hay que olvidar el análisis de la viabilidad financiera para completar la adecuada planificación de cualquier negocio.

Para el desarrollo de esta unidad, nos centraremos en el caso de Alicia, a quien, en su último día de formación, le recuerdan la importancia de la previsión y planificación en su negocio.

2. Estadísticas de compras, ventas y almacén

 HILO CONDUCTOR

El primer paso que hay que seguir en la previsión y planificación de una empresa, tal y como le comentan a Alicia, es observar y analizar las estadísticas de compras, ventas y almacén. Estas estadísticas se pueden encontrar en el *software* de gestión elegido y le permitirán planificar las siguientes compras.

Una de las principales herramientas que ofrecen los programas de gestión de compras informatizada es el **acceso a las estadísticas** relacionadas con las compras, ventas y almacén. Revisar y analizar periódicamente estas estadísticas permitirá realizar una tarea de planificación y previsión apta para la empresa.

 **RECUERDA**

Saber qué ha sido lo más comprado, qué *stock* hay y qué se necesita permitirá realizar las compras adecuadas, de modo que la empresa pueda seguir funcionando correctamente, sin excedentes.

En las **estadísticas de compra,** por norma general, se pueden encontrar todos los datos y estadísticas relacionados con este apartado. Así, se pueden utilizar algunos de los siguientes filtros para conseguir una información más detallada:

- ⊃ Fecha de compra
- ⊃ Proveedor
- ⊃ Artículo
- ⊃ Familia

Por su parte, las **estadísticas de ventas** permiten conocer cuáles han sido los productos más vendidos en un periodo de tiempo (semanal, mensual, anual...) o qué cliente ha hecho la compra de mayor precio, por ejemplo. De este modo, estos son algunos filtros que se pueden utilizar para analizar las estadísticas de ventas:

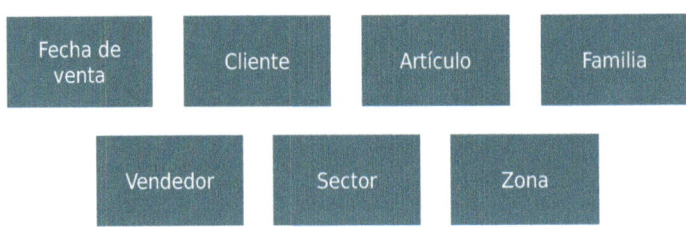

Por último, las **estadísticas de almacén** ofrecen información relativa a cuál ha sido la evolución del almacén y de su gestión de *stock* durante un periodo determinado. Se puede observar, por tanto:

- ⮑ Entrada y salida de un producto.
- ⮑ Periodo de reposición.
- ⮑ Unidades repuestas.

3. Presupuestos de planificación

 HILO CONDUCTOR

A continuación, le indican a Alicia también la importancia de contar con unos presupuestos de planificación. Estos presupuestos le ayudarán a hacerse una idea de cuánto dinero debe gastarse en compras y qué va a suponer eso para la empresa. También existen formularios que se generan automáticamente.

La planificación empresarial es la hoja de ruta que debe seguir la empresa para alcanzar los objetivos marcados. Así, dentro de la planificación también hay que dedicarles un apartado especial a las compras. En dicha planificación deben incluirse los presupuestos que se estiman para afrontar esas compras necesarias para la empresa.

 DEFINICIÓN

Presupuesto

Plan de acción que está dirigido a cumplir una meta prevista, la cual está expresada en valores y términos financieros. Por tanto, presupuestar hace referencia a calcular de manera anticipada a cuánto ascenderán los ingresos y gastos de la empresa durante un periodo.

Por lo tanto, este **presupuesto de compras** se puede definir como una herramienta que ayuda a las organizaciones a determinar de manera cuantitativa y financiera cuál es la cantidad de productos que se necesitan para el negocio.

IMPORTANTE

Para poder realizar un presupuesto de compras, es necesario haber realizado, previamente, un presupuesto de ventas.

Para poder realizar un adecuado presupuesto de compras, es necesario incluir los siguientes aspectos:

El abastecimiento
- Se trata de tener en cuenta la estimación de ventas y producción, de modo que se puedan saber cuáles van a ser los productos terminados que se necesitan en cada periodo y, en base a ello, poder abastecer adecuadamente de lo necesario.

La programación de pedidos
- Es necesario valorar cuál va a ser la capacidad de la empresa de almacenar, manipular y conservar los productos que se vendan para poder hacer frente a una serie de pedidos. Hay que ajustarse a la realidad.

La gestión óptima de inventarios
- Hay que realizar un seguimiento del inventario de la empresa para poder saber qué hay y qué se necesita.

 EJEMPLO

Un comercio de calzado estima que el próximo año va a tener unas ventas de 110.000 €, mientras que el coste de esas ventas va a ser de 50.000 €. Además, el valor de las existencias que tiene en el almacén es de 12.000 €. Teniendo esto en cuenta, el empresario cree que necesita que las existencias del almacén tengan un valor de 20.000 €.

Continúa en página siguiente >>

<< Viene de página anterior

Así, para calcular el presupuesto de compras de la empresa, se deben restar las existencias actuales a los costes de ventas y después sumarle la previsión de existencias que ha hecho el empresario.

Es decir, 50.000 € – 12.000 € + 20.000 € = 58.000 €.

De este presupuesto de planificación de compras surge el **plan de compras.** Este constituye uno de los elementos fundamentales de la empresa, ya que permitirá definir con precisión qué materias primas o productos se necesitan, de dónde se van a obtener y cómo va a realizarse la gestión óptima de los mismos.

Así, la planificación de compras tiene en cuenta todos los pronósticos, objetivos, políticas, procedimientos, programas y presupuestos que influyen en ellas.

 **RECUERDA**

El presupuesto y la planificación son fundamentales para que la empresa no tenga problemas económicos.

Las ventajas de contar con un plan de compras son las siguientes:

- ➲ Precios más competitivos para los clientes.
- ➲ Menos costes administrativos.
- ➲ Se realizan compras oportunas.
- ➲ Posibilidad de enfrentar mejor las situaciones de crisis.
- ➲ Menos costes de inventarios.
- ➲ Favorece la consecución de objetivos.
- ➲ Se tiene un registro histórico de compras.
- ➲ Se controlan mejor los gastos.

NOTA

En el *software* de gestión de compras es posible realizar este presupuesto y planificación gracias a los datos almacenados en él.

---

4. Ratios económicos y comerciales

👉 HILO CONDUCTOR

Conforme va avanzando el curso de formación, a Alicia le empiezan a explicar elementos más técnicos. En esta ocasión, le hablan de la importancia de analizar los ratios económicos y comerciales. Revisar estos datos desde el programa de gestión le permitirá saber cuáles están siendo los resultados de la empresa.

El control de los ratios económicos y comerciales que afectan a la empresa permite conocer la situación de la misma y poder actuar en consecuencia, optimizando los recursos financieros de la empresa.

NOTA

Los ratios económicos y comerciales permiten conocer la rentabilidad comercial de la empresa.

Así, cuando se habla de **ratios económicos** se hace referencia a una serie de indicadores que ayudan a comparar el resultado con diferentes partidas del balance o de la cuenta de pérdidas y ganancias. En definitiva, miden la manera en la que la empresa utiliza sus activos en relación con la gestión de sus operaciones.

Por lo tanto, los principales ratios económicos son los siguientes:

- **Margen sobre ventas:** hace referencia al margen bruto que se obtiene sobre las ventas. Aquí no se incluyen ni los impuestos ni los costes financieros, por lo que indica el margen real de la actividad.
  Se calcula dividiendo los resultados de la explotación entre los ingresos de explotación.
- **Rotación de activo circulante:** este ratio refleja las veces que se ha utilizado el activo circulante en la obtención de ventas. Lo más apropiado para la empresa es que este número sea lo más elevado posible, ya que significaría que los recursos disponibles se están aprovechando adecuadamente.
  Se calcula dividiendo los ingresos de explotación entre el activo circulante.
- **Rentabilidad económica:** este ratio refleja la eficacia de la gestión de la empresa; es decir, la capacidad de los activos de la misma para generar valor. Cuanto más alto sea este ratio, más positivo para la empresa.
  Se calcula dividiendo el resultado de explotación entre los activos totales.
- **Rentabilidad financiera:** hace referencia al rendimiento que obtiene el capital que ha sido aportado por los inversores en función del beneficio neto obtenido. En definitiva, es el reflejo de la remuneración a los propietarios de la empresa.
  Se calcula dividiendo el resultado del ejercicio entre los fondos propios.

Por su parte, los **ratios comerciales** ayudan a saber cuáles están siendo los resultados de las ventas. Son especialmente interesantes para valorar los resultados de la empresa y, *a posteriori,* poder hacer la gestión de compras adaptada a dichos resultados.

Así, algunos de los ratios comerciales más interesantes son los siguientes:

APLICACIÓN PRÁCTICA

Adrián es el contable de una librería y quiere averiguar si la empresa está haciendo un aprovechamiento adecuado de los recursos disponibles. ¿Qué ratio debe comprobar?

Solución

El ratio que refleja si los recursos disponibles se están aprovechando adecuadamente es el de rotación de activo circulante.

---

5. Análisis de costes

👉 HILO CONDUCTOR

En todo proceso de planificación, le indican a Alicia que es importante valorar los costes de la empresa. Así, conocer cuáles son los principales costes y cómo se puede realizar su análisis dará pistas sobre cómo está siendo la economía de la empresa.

El **análisis de costes** de una empresa es fundamental para poder conocer cuáles son los gastos del negocio y poder asegurar así la viabilidad del mismo. Así, se podrá saber cuánto cuestan los productos o servicios de la empresa, de modo que se pueda visualizar cuál debe ser el nivel de ventas para conseguir beneficios.

Para empezar a analizar estos costes, es fundamental conocer los **tipos de costes** que se pueden encontrar en una empresa:

Costes fijos
- Son los costes que se mantienen invariables para un nivel de servicio dado. Es decir, son costes constantes, aunque pueden aumentar o disminuir en función del volumen de negocio. Por ejemplo, para un rango de 1 a 1.000 unidades de producto necesito un empleado, por encima de 1.000 son necesarios dos trabajadores.

Costes variables
- Son los costes que se mantienen invariables para un Son los gastos que varían en función del nivel de actividad y producción de la empresa. Van cambiando al alza o a la baja.

Costes indirectos
- Estos costes son aquellos que no se pueden asignar de manera directa a cada uno de los productos. Afectan al proceso productivo en general. Por ejemplo, el alquiler de un local.

Costes directos
- Son los costes que intervienen de manera directa en la producción de los bienes o servicios de la empresa.

Costes financieros
- Se trata de los costes que se generan como consecuencia de decisiones de inversión o similares, y se emplean en el proceso productivo de la empresa.

Costes operativos
- Son los costes que se generan por el desarrollo de la propia actividad del negocio, tales como la compra de suministros o los salarios. También reciben el nombre de costes de operación o costes operacionales.
- Existen dos tipos:
  - **Costes operativos fijos:** no varían, independientemente del nivel de actividad y de producción de la empresa. Por ejemplo, el alquiler del local, que es siempre el mismo.
  - **Costes operativos variables:** estos sí varían. Por ejemplo, si se necesitan más horas extras de trabajo, el sueldo a pagar será mayor.

ACTIVIDAD COMPLEMENTARIA

5. Busca un ejemplo de cada tipo de coste y explica cuáles son los motivos por los que los has clasificado de esa forma.

Por lo tanto, realizar un análisis de costes de la empresa es fundamental para asegurarse de realizar una adecuada gestión de la misma. De este modo, también se podrá diseñar la estrategia empresarial a llevar a cabo y asegurar la viabilidad futura de la misma.

Los **principales conceptos** que deben conocerse y valorarse para poder realizar el análisis de costes son los siguientes:

- **Periodificación:** es la distribución temporal según el momento de realización.
- **Amortización:** distribución del gasto del inmovilizado durante su vida útil.
- **Pago:** contraprestación líquida del gasto.
- **Coste:** gasto asociado al producto.
- **Ingreso:** contribución a la riqueza generada por la empresa.
- **Cobro:** contraprestación líquida del ingreso.

TAREA 4

Leire es la propietaria de un negocio hostelero y, antes de empezar la nueva temporada de trabajo, quiere realizar un análisis económico de su empresa. Así, en todo este tiempo ha estado almacenando y anotando los diferentes gastos que ha ido teniendo para poder comprobar, por un lado, cuáles son los resultados de su negocio y, por otro, cuáles son los tipos de costes en los que incurre.

Así, ha observado que la rotación de activo circulante tiene un resultado elevado, así como la rentabilidad económica.

Por otra parte, durante la temporada anterior gastó en el alquiler del local, compra de género, contratación de camareros extras para los fines de semana y factura de luz.

Continúa en página siguiente >>

<< Viene de página anterior

Indica si crees que el negocio de Leire está teniendo buenos resultados o no y cuáles son los tipos de gastos en los que incurre.

---

6. Viabilidad financiera

☞ HILO CONDUCTOR

Por último, a Alicia le recuerdan la importancia de revisar la viabilidad financiera de su negocio para poder estar segura de que este tiene un buen porvenir. Además, es importante también realizar un análisis de viabilidad en general para conocer los cimientos del mismo.

La **viabilidad financiera** se puede definir como la capacidad que tiene una organización de obtener los fondos necesarios para satisfacer sus requisitos funcionales, tanto a corto como a medio y largo plazo. Es, en definitiva, la disponibilidad que tiene la empresa de dinero líquido para hacer frente a los pagos y a las inversiones a lo largo de la vida de la empresa.

Así pues, esta viabilidad financiera puede venir de dos partes:

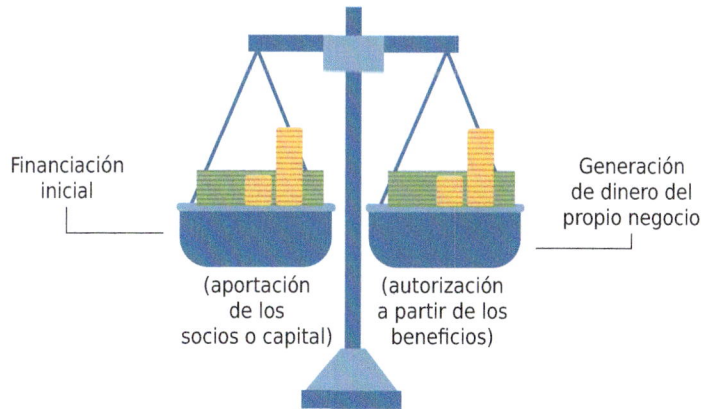

Financiación inicial (aportación de los socios o capital)

Generación de dinero del propio negocio (autorización a partir de los beneficios)

NOTA

No hay que confundir la viabilidad financiera con la viabilidad económica.

VÍDEO

Puedes acceder al siguiente vídeo para obtener algunos consejos interesantes relacionados con el análisis de la viabilidad de un negocio.

https://redirectoronline.com/adgd116po0401

6.1. Análisis de viabilidad

La realización de un estudio o **análisis de viabilidad** permitirá conocer si el modelo de negocio es viable o no. Así pues, deben seguirse los siguientes **pasos:**

1. **Análisis preliminar:** el primer paso es realizar un análisis preliminar:

    a. Identificar qué se quiere lograr y por qué.
    b. Examinar el espacio disponible en el mercado.
    c. Identificar las características únicas de la idea.
    d. Averiguar si existen riesgos insalvables.

2. **Análisis actual:** a continuación, debe realizarse un análisis actual, determinando, además, cuál será el alcance del proyecto.

3. **Comparar con la competencia:** ahora, es el momento de comparar el producto o servicio que se va a lanzar al mercado con la competencia;

es decir, con los productos o servicios que son similares. ¿Cuáles son las fortalezas y debilidades? ¿En qué se diferencia de la competencia? ¿Es algo novedoso?

4. **Examinar condiciones del mercado:** el siguiente paso corresponde al análisis de las condiciones del mercado, para ello, se deben realizar cuatro estudios específicos:

   a. Definir el público objetivo.
   b. Estudiar cuáles son los hábitos de compra del público objetivo.
   c. Conocer las perspectivas de venta.
   d. Conocer la proyección de ingresos.

5. **Analizar los costes financieros:** se trata de conocer, expresamente, la viabilidad financiera del negocio. Se deben calcular los costes financieros de la propuesta y analizar los posibles ingresos de la misma. Para ello, se deben tener en cuenta los siguientes aspectos:

   a. Recursos necesarios para llevar a cabo el negocio.
   b. Fuente de los recursos. Por ejemplo, financiación interna o externa.
   c. Beneficios realistas.
   d. Riesgos financieros.
   e. Coste financiero del fracaso.

6. **Revisar y analizar los datos:** por último, es importante revisar y analizar los datos para ver si las condiciones han cambiado con el tiempo o hay algo nuevo a tener en cuenta.

 TAREA 5

Constantino quiere emprender un negocio de alquiler de patinetes en una ciudad pequeña de la costa. Esta es una ciudad en la que existen ya dos empresas de alquiler de bicicletas. Además, es una ciudad con turistas y al estar en la costa mediterránea, suele tener muchas horas de sol al año.

La idea de Constantino es conseguir financiación por parte del banco para emprender su negocio y después subsistir con los beneficios que vaya generando. En principio, quiere poner un local en el que atender a los clientes y desde el que saldrán los patinetes eléctricos.

Continúa en página siguiente >>

<< Viene de página anterior

Si el negocio tiene éxito, quiere realizar también *tours* turísticos a bordo de dichos patinetes, de modo que se puedan hacer excursiones en grupo.

Teniendo toda esta información, realiza un breve análisis de viabilidad del negocio respondiendo a cada uno de los pasos. ¿Crees que puede tener futuro ese negocio?

- -

7. Resumen

La **previsión** y la **planificación** son conceptos necesarios para el adecuado desarrollo de cualquier negocio. Así, es importante hacer análisis de ciertos aspectos que afectan a la empresa, además de tener en cuenta ratios y estadísticas que darán algunas señales de cómo funciona el negocio y hacia dónde hay que ir.

Por lo tanto, en toda previsión y planificación de una empresa, especialmente en lo que concierne a la gestión de compras, hay que incluir los siguientes elementos:

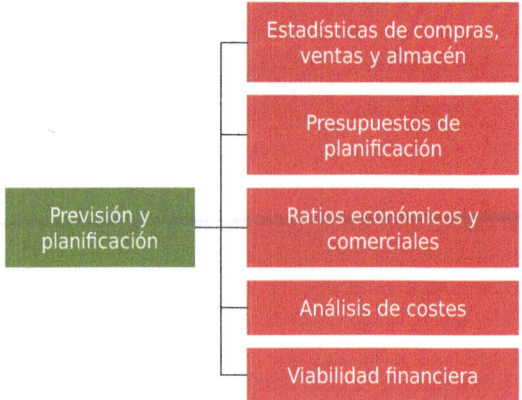

La mayoría de conceptos están relacionados con los costes y la economía de la empresa.

Ejercicios de autoevaluación
Unidad de Aprendizaje 4

1. ¿En qué estadísticas se puede utilizar el filtro de proveedor?

   a. Estadísticas de compra.
   b. Estadísticas de inversión.
   c. Estadísticas de ventas.
   d. Estadísticas de almacén.

2. Indica si la siguiente afirmación es verdadera o falsa: "Para poder realizar un presupuesto de compras, es necesario haber realizado, previamente, un presupuesto de ventas".

   ■ Verdadero
   ■ Falso

3. ¿Cuál de las siguientes es una ventaja de contar con un plan de compras?

   a. Menos costes administrativos.
   b. Favorece la consecución de objetivos.
   c. Se realizan compras oportunas.
   d. Todas las opciones son correctas.

4. Los ratios económicos y comerciales permiten conocer:

   a. El nivel de ventas de una empresa.
   b. La fiabilidad de sus agentes comerciales.
   c. La rentabilidad comercial de una empresa.
   d. El presupuesto gastado.

5. ¿Qué tipo de ratio es la rotación de activo circulante?

   a. Empresarial.
   b. Financiero.
   c. Comercial.
   d. Económico.

6. Relaciona cada ratio con su definición:

a. Margen sobre ventas.
b. Rotación de activo circulante.
c. Rentabilidad económica.
d. Rentabilidad financiera.

___ Rendimiento que obtiene el capital que ha sido aportado por los inversores en función del beneficio neto obtenido.
___ Capacidad de los activos de la empresa para generar valor.
___ Margen bruto que se obtiene sobre las ventas.
___ Veces que se ha utilizado el activo circulante en la obtención de ventas.

7. ¿Qué nombre reciben los gastos que varían en función del nivel de actividad y producción de la empresa?

a. Costes fijos.
b. Costes variables.
c. Costes financieros.
d. Costes indirectos.

8. El _____ es la contraprestación líquida del gasto.

a. pago
b. ingreso
c. cobro
d. amortización

9. Indica si la siguiente afirmación es verdadera o falsa: "La viabilidad financiera es sinónimo del término viabilidad económica".

■ Verdadero
■ Falso

10. Ordena cronológicamente los pasos a seguir en un análisis de viabilidad:

• Análisis preliminar.
• Análisis actual.
• Analizar los costes financieros.

- Comparar con la competencia.
- Examinar las condiciones del mercado.

Glosario

Albarán

Documento que envía el vendedor junto a las mercancías para que lo reciba el comprador y este lo devuelva firmado. También se llama nota de entrega y es un justificante de que el pedido ha sido entregado y que el comprador está conforme con lo que ha recibido.

CRM *(customer relationship management)*

Software dedicado a la gestión de clientes.

Existencias

Activos poseídos para ser vendidos en el curso normal del negocio de la empresa, para ser consumidos en el proceso de producción mediante su transformación o incorporación al producto, o para ser consumidos durante la realización de la actividad empresarial.

Fichero maestro

Información que se agrupa en un único lugar correspondiente a temas concretos. Se encuentran en los programas de gestión.

Libro de inventarios

Documento contable en el que se incluye el balance inicial detallado del saldo de la empresa, el balance de comprobación de sumas y saldos, y el inventario de cierre.

Libro diario

Registro principal de la actividad económica de la empresa en el que se recogen todas las transacciones que realiza la misma de manera cronológica.

Materia prima

Primer eslabón de la cadena de producción. La materia que se necesita para transformarla y elaborar bienes de consumo.

Obligaciones contables

Conjunto de documentos y registros que debe realizar la empresa para poder controlar y tener constancia de cada una de las operaciones que se llevan a cabo.

Plan de compras

Documento que permitirá definir con precisión qué materias primas o productos se necesitan, de dónde se van a obtener y cómo va a realizarse la gestión óptima de los mismos.

Plan General Contable (PGC)

Documento en el que se recogen cuáles son todas las normas que determinan la forma en la que las empresas deben registrar su contabilidad.

Presupuesto

Plan de acción que está dirigido a cumplir una meta prevista, la cual está expresada en valores y términos financieros. Por tanto, presupuestar hace referencia a calcular de manera anticipada a cuánto ascenderán los ingresos y gastos de la empresa durante un periodo.

Software

Programa informático que permite realizar unas tareas específicas.

Bibliografía

_____

Monografías

→ ARIAS Rodríguez, A. T.: *Proceso integral de la actividad comercial*. Madrid: McGraw Hill, 2021.

> Libro de texto correspondiente al ciclo formativo de grado superior en el que se desarrollan los distintos aspectos relacionados con la actividad comercial.

_____

Textos electrónicos, bases de datos y programas informáticos

→ 8 ventajas de los sistemas de gestión empresarial, de:
<https://calticconsultores.com/ventajas-de-los-sistemas-de-gestion/>.

> Artículo en el que se resumen las principales ventajas de contar con un programa de gestión empresarial.

→ *Análisis de costes: conceptos clave y su aplicación en la toma de decisiones empresariales,* de:
<https://www.ealde.es/analisis-de-costes/>.

> Interesante artículo en el que se detallan los principales conceptos que deben conocerse y manejarse para poder realizar un adecuado análisis de costes.

→ *Análisis de viabilidad financiera de un proyecto,* de:
<https://planesdeempresa.es/analisis-de-viabilidad-financiera-de-un-proyecto-i-2/>.

> Completo artículo en el que se desarrolla al detalle el concepto de viabilidad financiera.

→ *Archivos maestros,* de:
<https://programa-de-gestion.com/archivos-maestros/>.

> Apartado de la página web en el que se detallan las principales funcionalidades de los archivos maestros en los programas de gestión empresarial.

→ *Canales de atención al cliente disponibles en un e-commerce,* de: <https://emprendepyme.net/canales-de-atencion-al-cliente-disponibles-en-un-e-commerce.html>.

> Artículo en el que se resumen los principales canales de atención al cliente que se pueden encontrar hoy en día, especialmente de manera *online*.

→ *Cómo hacer un estudio de viabilidad,* de: <https://okdiario.com/howto/como-hacer-estudio-viabilidad-3619683>.

> Extenso artículo en el que se detallan los pasos que deben seguirse para poder realizar un adecuado estudio de viabilidad para cualquier negocio.

→ *Cómo llevar la contabilidad de una empresa paso a paso,* de: <https://www.eactivo.es/como-llevar-la-contabilidad-de-una-empresa-paso-a-paso/>.

> Interesante artículo en el que se desarrolla el concepto de contabilidad de la empresa y se explican los pasos que deben darse para llevarla adecuadamente.

→ *El presupuesto de compras,* de: <https://economipedia.com/definiciones/presupuesto-de-compras.html>.

> Artículo en el que se desarrolla el concepto de presupuesto de compras y se enumeran los principales elementos que lo componen.

→ *¿Es tu negocio viable? Análisis de ratios económicos y financieros,* de: <https://economipedia.com/definiciones/presupuesto-de-compras.html>.

> Artículo interesante en el que se detallan los principales ratios económicos y financieros que deben analizarse para descubrir la viabilidad de un negocio.

→ Formas de pago *online* y al contado entre empresas y particulares, de: <https://www.mieconomista.eu/formas-de-pago/>.

> Artículo en el que se desglosan las principales formas de pago para la empresa.

→ *Importancia de la gestión de compras en la empresa,* de: <https://itop.academy/blog/item/importancia-de-la-gestion-de-compras-en-la-empresa.html>.

> Completo artículo en el que se detalla la importancia de la gestión de compras para el funcionamiento de una empresa.

→ *Indicadores o ratios comerciales,* de: <https://www.ceupe.com/blog/indicadores-o-ratios-comerciales.html>.

> Artículo en el que se explican los principales ratios comerciales que deben analizarse en toda empresa.

→ *La gestión de compras y sus procesos en la empresa,* de: <https://start.docuware.com/es/blog/gestion-compras-empresa>.

> Artículo muy interesante en el que se habla sobre la gestión de compras en una empresa, centrándose en qué es y por qué es importante tenerla en cuenta.

→ *La importancia de la informática en la empresa,* de: <https://aplimedia.com/importancia-de-la-informatica-en-la-empresa/>.

> Completo artículo en el que se especifican las principales razones por las que es importante introducir la informática en la empresa.

→ *Las obligaciones contables de la empresa,* de: <https://www.adlanter.com/blog/obligaciones-contables-empresa-espana/>.

> Artículo en el que se desglosan las principales obligaciones contables que debe seguir toda empresa, independientemente de su tamaño o sector.

→ *Los costes en la empresa,* de: <https://emprendepyme.net/costes>.

> Artículo en el que se desglosan los tipos de costes que tiene toda empresa.

→ *Plan de compras,* de: <https://es.slideshare.net/guest187f22/plan-de-compras-presentation>.

> Presentación muy interesante en la que se detalla todo lo relacionado con el plan de compras.

→ *¿Qué es un proveedor?,* de: <https://finom.co/es-es/glossary/proveedor/>.

> Completo artículo en el que se detalla qué es un proveedor y cuáles son los principales tipos que se pueden encontrar.

→ *¿Qué es un software de gestión?* <https://www.cronomia.com/software-gestion>.

> Interesante artículo en el que se habla sobre qué es un *software* de gestión y se detallan los principales tipos. Se ahonda, especialmente, en las características y ventajas de cada uno de ellos.

→ *¿Qué es un TPV y cómo funciona?,* de: <https://www.zucchetti.es/blog/tpv-que-es-como-funciona.html>.

> Artículo muy completo en el que se habla del TPV: ¿qué es?, ¿qué tipos existen?, ¿cómo funciona? Todo ello tiene respuesta aquí.

→ *Relación de una empresa con las entidades financieras,* de: <https://www.yvancosabogados.com/blog/consultoria-empresarial-servicios-a-empresas/la-relacion-de-la-empresa-con-las-entidades-de-credito/>.

> Artículo en el que se detallan las principales razones por las que una empresa puede entablar relación con una entidad financiera.

→ *Unidad 2. Medios de cobro y pago,* de:
<https://www.lyceumformacion.com/herramienta/documentos/temas/263-TEMA%2013.pdf>.

> Unidad *online* de un manual de formación en el que se detallan los principales medios de cobro y pago para las empresas.

→ *Ventajas y desventajas de tener un software contable,* de:
<https://programascontabilidad.com/gestion-de-empresas/ventajas-y-desventajas-de-un-software-contable/>.

> Artículo en el que se desglosan las principales ventajas y desventajas para las empresas de contar con un *software* contable.